高更的故事

【法】让-雅克·莱维柯 著 / 黄莉荞 范炜炜 译

目录

前言
Portique
006

血统
L'échelle du sang
010

自画像，追寻身份认同的载体
Une affaire d'autoportraits, la recherche d'une identité
018

股票经纪人
Courtier en bourse
022

藏画的启发
L'exemple d'une collection
024

股票、生活、周日画家
La Bourse ou la vie, ou un peintre du dimanche
028

舒弗内克出现
Entrée en scène de Schuffenecker
032

初拾画笔
Balbutiements
036

启程，拨开迷雾
Débuts, hésitations, influences
040

超越绘画
Au-delà de la peinture
044

追逐普鲁斯特的世界
Chassé du monde de Proust
050

印象派悖论
Le paradoxe impressionniste
056

阿旺桥，布列塔尼的小港口
Pont-Aven, petit port breton
060

乡村艺术
De l'art d'être rustique
066

马提尼克岛的耍蛇人
Martinique, charmeuse de serpent
068

一个法伦斯泰尔的乡愁
La nostalgie d'un phalanstère
072

阿尔勒计划
Plan fixe sur Arles
080

普尔杜，世界的尽头
Le Pouldu, le bout du monde
086

热带画室
L'atelier des Tropiques
088

始于明信片
Une affaire de cartes postales
090

奥林匹亚与回归
Olympia et retour
096

幻灭的命运
Un destin ravageur
100

在大溪地岛的修行
La recherche de Cythère
104

马拉美及其他人的"终局"
Mallarmé et les autres Fin de partie
108

逃逸、死亡、流离、回归故乡，英雄情结
La fuite, la mort, l'exil - Retour au pays natal - Le complexe d'Ulysse
112

波德莱尔的范例
L'exemple de Baudelaire
116

契合的游戏
Le jeu des correspondances
120

象征主义的双重性
Les ambiguïtés du Symbolisme
124

童年的回忆
Mémoires d'enfance
128

沉浸在自我的世界里
L'immersion
130

雕塑：绘画之外的世界
Au-delà de la peinture, la sculpture
136

色彩即音乐
La couleur est une musique
140

神圣之义
Le sens du sacré
144

毛利人的宗教崇拜
Le culte Maori
150

苦涩的巴黎
Paris amer
152

目录

阴暗时刻
La part d'ombre
156

我们从哪里来？我们是谁？我们到哪里去？
D'où venons-nous ? Que sommes-nous ? Où allons-nous ?
158

总体艺术之梦
Le rêve d'un art total
164

死亡仪式
Le cérémonial de la mort
168

夏娃与她的姐妹们
Éve et ses soeurs
172

他处的声音
Voix d'ailleurs
176

《造像者》艺术评论期刊
L'Ymagier
180

文学领域
Du côté de la littérature
182

病态美：从蒙克到劳伦斯
La beauté malade De Munch à D.H. Lawrence
186

欢乐之家
La Maison du Jouir
190

迷宫之底
Au fond du labyrinthe
192

悲伤的热带地区
Tristes tropiques
194

荣耀背后的风险
Les aléas de la gloire
198

大事年表
Chronologie
202

《自画像：悲惨世界》局部图
Autoportrait « Les Misérables »
现收藏于荷兰阿姆斯特丹的凡·高博物馆

《在咖啡馆》（又名《阿尔勒的夜间咖啡馆》）
Au café ou Café de nuit, Arles
现收藏于俄罗斯莫斯科普希金博物馆

如果将高更的这幅画与凡·高的同题材作品进行比较，那么两位画家的差异便一览无遗。同样是描绘夜间咖啡馆的内景，凡·高重在抒发情感，凸显自己生活的痛苦及世人的堕落；而高更则用大胆饱满的色彩及硬朗有力的线条来处理这一题材，从而展现了自己标志性的画风。在高更的作品中，最重要的不是故事性，而是高更在阿旺桥逗留期间开创的极具装饰性的单线平涂手法。在日后的创作生涯中，高更会将这种手法进一步发扬光大，他甚至会根据自己的造型喜好来选择题材。

前言

Portique

I

      在所有画家的作品中，当属高更的作品最能够彰显画家本人的人格。高更的作品是他个性的注脚和佐证，助我们描摹出他独特的轮廓。他凭借自己的作品成了一代传奇，并颠覆了"画家"的含义。

      高更与凡·高一样，都认为艺术这门学科不单单只与绘画有关。即便不说把创作当作"使命"，高更至少也赋予了创作极其神圣的内涵。高更作品中的神圣感是逐步彰显出来的。对高更而言，艺术既非游戏，也非一项投机行为，而是艺术家全情、忘我地投入其中的追求。他摒弃社会的陈规旧俗，奋力脱离束缚，终于把自己从一个把文艺分成三六九等、自负地颁发一些不知所云的"奖项"的陈腐世界中挣脱出来。

和印象派画家（如今，人们多将高更归于后印象派）一样，高更与他那个时代的艺术环境格格不入。他与当时的艺术界并非毫无交集，然而他与艺术界的交集非但无法让人看到两者在美学观念上的契合，反而越发让人感到他的作品及生活是多么边缘化。

当印象派还停留在对主流审美和艺术形式提出质疑的阶段时（印象派认为当时的画法已经过时），高更已经把自己的整个人生都裹挟进了当前的变革中。因为艺术是他人生的主神经，是他日常生活的熔炉，是他的目标和记号。他为自己的艺术献身，为自己的艺术辩护。这注定是一场旷日持久、心甘情愿且锲而不舍的战斗。不过，为实现内心的追求，高更甘愿忍受造物主般的孤独。

高更的故事

《温蒂妮[1]：在浪潮中》
Dans la vague, Ondine
现收藏于美国克利夫兰美术馆（由威廉·鲍威尔·琼斯夫妇捐赠）

> 相对于高更的创作手法，高更的作品主题及内涵更具有象征主义的特点。这幅裸体画属于高更的一个绘画项目，该项目共包含两幅作品，分别象征"生命"和"死亡"。在这幅画中，女子的身体与涌动的海水达成了一种微妙的和谐，温蒂妮代表生命，不断更新的海洋代表逃离，同样彰显了强烈的生命力。整幅画采用长方形的构图方式，高更并没有强调透视效果，而是用平涂的方式表现锐利的白色浪花……这些元素无疑都源自当时席卷欧洲艺术界的日本浮世绘艺术，同时代的许多艺术家都受到了这一东方艺术风潮的影响。

  随着时间的推移，高更越来越清楚地意识到自己内心深处的艺术家天性，于是他选择脱下循规蹈矩的外衣，退出富足而贪婪的资产阶级行列。在痛苦、不断的努力和令人恐惧的清醒的交替循环中，他完全献身于内心的信念，从寄身的苍茫世界里抽离出来，将自己毫无保留地交给了命运指定的任务。

  19世纪涌现出了一群新的艺术家。这些艺术家在一条未知的道路上探索，破旧立新，向追求的目标行进。尽管前路漫漫，过程充满荆棘和磨难，但最终他们成了艺术史上闪耀的明星。他们的荣光不仅限于他们在美学上取得的成功，或是他们创造出了某种全新的艺术形式，还在于他们的作品能通过人类的生存状况、动力、目标以及赋予生命的意义来反映人类的本性。

  在了解了高更异乎常人的人生选择（后人因此将高更奉为典范、捧上神坛）之后，我们其实更需要重新关注他的绘画方法，以及他开创的人物塑造方式。高更在这两方面的原创性都堪称颠覆历史，引领了未来的艺术风潮。可以说，他的影响力丝毫不亚于凡·高或塞尚：他掀起的这股新艺术风潮蕴含着一股宁静的力量，完美地诠释了他勇于为艺术牺牲一切的精神，以及他动荡而浪漫的一生。

| 1 | 译者按：温蒂妮（Ondine），又称欧洲古代传说的水女神，后被描绘成居于水边的美丽女性精灵。

高更的故事

饰有布列塔尼风情图的花瓶
Vase décoré de scènes bretonnes
现收藏于比利时布鲁塞尔皇家艺术与历史博物馆

高更童年时代曾跟随家人在秘鲁旅居，在那段时间里，他见到了各种不同形式、不同风格的艺术品，也开拓了自己的眼界。而高更的陶艺创作正根植于那段经历，不过，不同于传统陶艺，高更并不注重陶器的实用性，只是将陶器视作自己创意的载体。他的陶艺作品带着一股欢快和乡土的气息，创作这类艺术品令他愈加接近"原始"的状态。

血统

L'échelle du sang

高更的人生是以传奇开始的。他的故事中有许多独特的经历及个性迥异的人物。性格强悍的祖辈、风云变幻的时势、动荡的政局、无常的命运……这些都为高更引以为豪的家庭蒙上了一层浪漫而原始的色彩。每当追溯他的家庭背景时，我们总是可以从中觑见他充满冒险的人生的征兆，他的气质、他怪异且不同寻常的脾性（"秘鲁的野人"）的根源。正是这样的高更令他在世界各地曾遇见过的人印象深刻，从巴黎到大溪地岛，从阿旺桥到马提尼克岛，从阿尔勒到哥本哈根……高更开创了一条独特的艺术道路。他渐渐明晰了艺术的意义，并越发坚定了自己的决定——他的决定有时候接近于"自杀式"，因为他总是选择最冒险的方案。他不愿过舒坦的社会生活，反而愿意经受种种遭人冷眼的折磨（如孤独）和侵犯（如贫穷）。但同时，高更也吸引了众多拥趸，这些人将他视作上帝的使者，命运的代言人。他是矛盾的个体，既是一个被放逐的人，又是一个精神领袖。

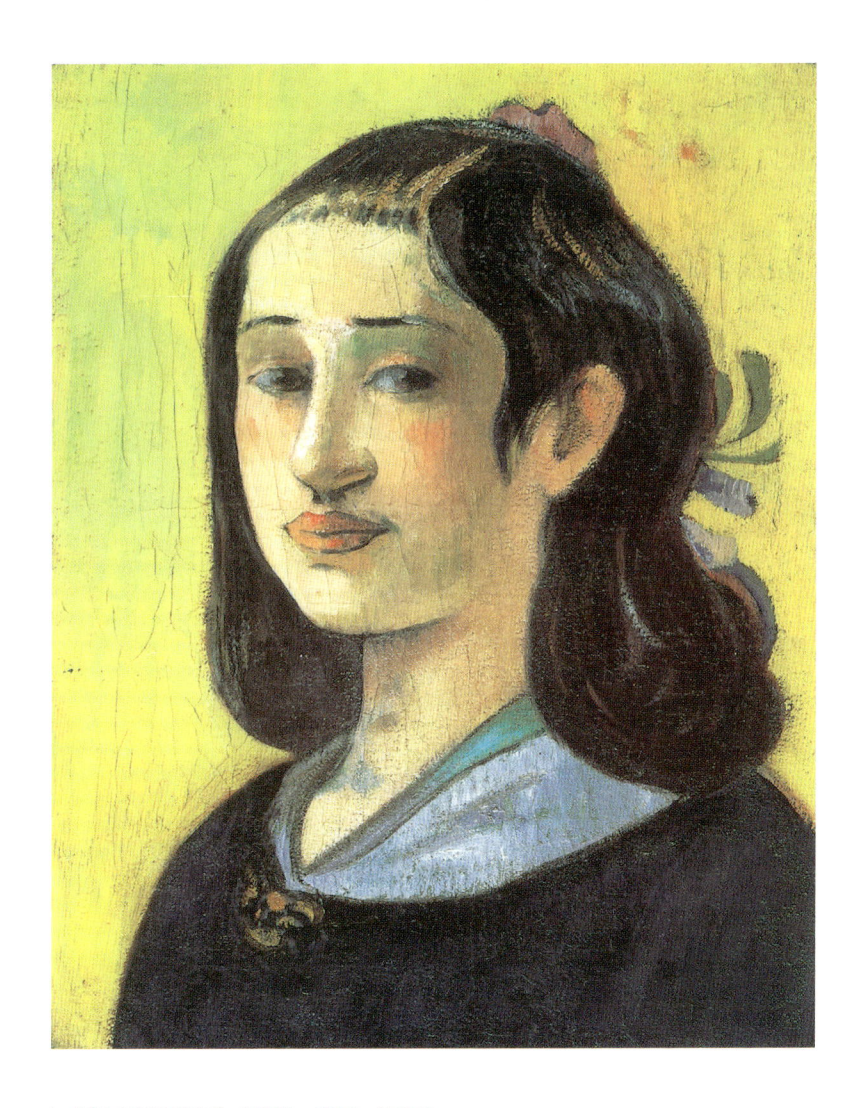

《艺术家的母亲》(艾琳·玛丽·高更)
La Mère de l'artiste (Aline-Marie Gauguin)
现收藏于德国斯图加特国家美术馆

如果要用一个词来形容高更和女人的关系,那就是暧昧(甚至下流)。他常会吹嘘自己在大溪地岛的风流韵事,在他眼中,女伴要么就是管家奴仆,要么就是供他玩弄的床伴。然而,高更对母亲却始终怀着宗教信仰一般节制的情感。尽管高更不满 20 岁时,母亲便不幸去世(当时高更还在海上航行),但这段短暂的母子缘分在画家心底留下了长久的回响。在这幅肖像中,高更还原了母亲年轻时的动人模样,营造出了一种宁静安详的气氛。他仿佛不是在画一位母亲,而是在画一位情人。此外,高更后来创作夏娃题材时极富异国情调的绘画风格也在这幅画中初见雏形。

高更的故事

带四个手柄的花瓶，上刻有布列塔尼农民的形象
Vase à quatre anses avec figures de paysans bretons
现收藏于法国巴黎奥赛美术馆

> 高更不仅是一名画家，还是一名陶艺家。透过其品类繁多的陶艺作品，我们可以看到他的审美品位、非同寻常的技艺和大胆的创造力。高更并不在意陶器的实际用途，而是把其作为"跳板"，不断在这一媒介上尝试各种风格和外观，既汲取了秘鲁民间传说作为灵感，又为其注入了新的活力，创造出了充满幻想的作品。此外，这些用泥团制成的艺术品也向世人展现了手工的魅力。

和法国浪漫主义诗人热拉尔·德·内瓦尔[2]一样，高更也沉浸于虚幻的历史之中，然而他祖上光荣的血统已渐渐随着时间淡去了。据说，高更的母亲来自特里斯坦·伊·莫斯科索家族，是博尔基亚一族的后裔。这是一个显赫的家族，后人中有神父，有嗜战的王子，还有癫狂的女人。

有些学者对此说法的真实性持保留意见，毕竟这很可能只是后人为了奠定某种基调而展开的一种假想。不过，莫斯科索氏的天性绝不是本分安静的。唐·皮奥，还有他的哥哥马里亚诺，两人都是莫斯科索氏和小贵族特里斯坦结合的后代。皮奥曾经参军，与革命派势力做斗争；而已经在西班牙流亡的马里亚诺，则在帝国统治下与年轻的法国流亡者瑟雷斯·莱斯奈结了婚。皮奥返回秘鲁后，曾先后担任阿雷基帕总督（1814年—1817年）、库斯科总督（1824年）、阿雷基帕省长兼总司令，以及秘鲁南部邦联主席。在经历了跌宕起伏的政治生涯后，他于1860年在秘鲁首都利马去世。

另一边，马里亚诺在巴黎开启了新的人生，他于1803年与瑟雷斯生下了女儿弗洛拉。这个女孩就是后来著名的弗洛拉·特里斯坦。然而，短短四年后，正值壮年的马里亚诺不幸离世，由于两人没有办过结婚手续，马里亚诺生前也没有立过遗嘱，瑟雷斯无权继承遗产，一下子失去

血统

了稳定的经济来源，甚至一度不得不带着女儿在乡下栖身。后来，弗洛拉嫁给了版画家安德烈·夏扎尔。夏扎尔曾于 1818 年出版了版画集《美妙的弗洛拉》（又名《鲜花与水果作品集，献给女士们》），其中有个别版画是由弗洛拉上色的，可见她有一定的艺术天赋。然而，当弗洛拉意识到她一度崇拜的丈夫并非什么艺术天才之后，两人的婚姻便开始分崩离析。弗洛拉将两个孩子托付给母亲，然后热情地投身于女权运动之中，为妇女公开发声，要求社会承认妇女群体的地位。弗洛拉离开丈夫时怀有身孕，不久后，她便生下了高更的母亲——艾琳。

2　译者按：热拉尔·德·内瓦尔（Gérard de Nerval，1808 年 5 月 22 日—1855 年 1 月 26 日），法国诗人、散文家和翻译家，浪漫主义文学代表人物之一。

高更的故事

饰有两树之间的女浴者的罐子
Pot décoré d'une baigneuse entre des Arbres
现收藏于法国巴黎奥赛美术馆

古斯塔夫·阿罗萨曾编辑出版了若干考古照片,其中包括著名的婆罗浮屠塔[4]浮雕的影像资料。正是在阿罗萨的引导下,高更开始接触异国的艺术,并体会到其中蕴含的性感,而这也正是高更内心追寻的东西。1889 年,高更在参观巴黎世界博览会时欣赏了一场爪哇舞表演,这让他颇为激动,因为这种舞蹈满足了他内心的憧憬,即摆脱西方基督教对"罪恶"的固有定义和束缚,在天堂般的氛围中展现人类的身体之美。

离婚后,为寻求庇护,弗洛拉与叔叔唐·皮奥取得联络,并在叔叔的邀请下前往秘鲁。在接下来的 15 个月里,她一直生活在动荡之中,见证了一个被不断发生的政变搅乱的后殖民统治社会。正是这段时间的经历激发她写出了轰动一时的巨著《一个贱民[3]的半生奔波》。她采用激化的语言来表述自己的政治思想,将触角探到社会生活的深处。1843 年,弗洛拉又出版了《工人联盟》一书,这本书成了革命派信徒名副其实的"圣经"。1844 年,弗洛拉在波尔多去世,她的《女性解放》一书为她令人敬仰的传奇人生画下了最后的句号。

与弗洛拉·特里斯坦一样,小说家乔治·桑也立志于在一个朝现代化迈进的社会中为女性争取更公正的地位。两人在精神上可谓是高度契合,然而乔治还没来得及回报弗洛拉付出的珍贵友谊,弗洛拉就遇难了。于是,乔治将心意都倾注在弗洛拉的女儿艾琳身上。可以说,乔治改变了艾琳的命运,帮助她摆脱了父母的阴霾(长久以来,无论是近乎癫狂的父亲,还是完全投身于革命事业的母亲,都无暇顾及艾琳的感受),把她送进学校,并培养成才。此外,乔治还将艾琳许配给了克洛维·高更。克洛维出身于奥尔良地区,来自科特尼附近一个名为"高更氏"的小村庄。

克洛维家境富裕，自18世纪以来他们家便是地主，依靠世代传承下来的土地为生，不过克洛维的父亲认为这不是一个好生计，于是打破先辈的传统，成了奥尔良的一名香料商人。这位父亲希望自己辛苦打拼的家业能让子嗣在社会地位上更进一步，因此他一直鼓励儿子走出奥尔良"上巴黎去"。在父亲的支持下，克洛维后来成了一名记者。

3　编者注：当时离婚并不合法，所以弗洛拉离婚后成了一名无法再合法结婚的女子，故她自称为"贱民"。

4　译者按：婆罗浮屠塔（Borobudur）是位于印度尼西亚中爪哇省的一座大乘佛教佛塔遗迹。

高更的故事

《赤裸的小布列塔尼人》
Petit Breton nu
现收藏于德国科隆的瓦拉里奇博物馆

在这幅作品中，小男孩隐约模糊的身体是去性别化的。无论从画面、线条，还是气质来看，这幅画都显得有些粗糙。但从某个角度来看，高更似乎预言了后来施密特·罗特鲁夫和基希纳等画家引领的表现主义艺术。

  与艾琳结婚后，克洛维搬到了洛雷特圣母院街，其住处隔壁的楼里便是浪漫主义画家德拉克洛瓦的画室。该区域被称为"新雅典区"，是法国黄金一代浪漫主义艺术家的聚集地，乔治·桑及其朋友、亲戚和同侪也都住在这附近。

  1847年，艾琳诞下了一名女婴，名叫玛丽。次年，她又生下了第二个孩子欧仁·亨利·保罗，即享誉后世的画家保罗·高更。然而，这时的巴黎却陷入了一片动荡：法国爆发二月革命，七月王朝崩溃，法国国王被迫逃往英国，法兰西第二共和国成立……

  这对克洛维一家来说可不是什么好消息。要知道克洛维一直表现出激进的革命精神，同时坚决反对波拿巴阵营，因此当路易·拿破仑·波拿巴（史称拿破仑三世）在1848年的公民投票选举中胜出并当选总统后，克洛维迅速陷入了一个微妙的境地。不过，从某种意义上讲，这场动荡也促成了高更与秘鲁的结缘。

  为躲避动乱，克洛维带着妻子和两个孩子前往秘鲁的首都利马，投奔皮奥。皮奥将他们安置在了埃切尼克总统府。总统府慵懒、颓丧且奢华的生活气氛在年少的保罗·高更的心中留下了深刻的印迹，同时激发了他对艺术的兴趣。

  尽管秘鲁早已于1821年宣告独立，摆脱了西班牙的殖民统治，但当地还是保留了大量西班牙的装饰艺术传统（尤其是陶艺）。西班牙陶艺富有创意，彰显了传神的叙述力和动人的表现力，塑造了一系列扭曲且光怪陆离的半人半兽形象。比起实用的器具，这些陶艺作品更适合作为雕塑来欣赏。这一切都深深震撼了高更敏感而天真的内心。

高更的故事

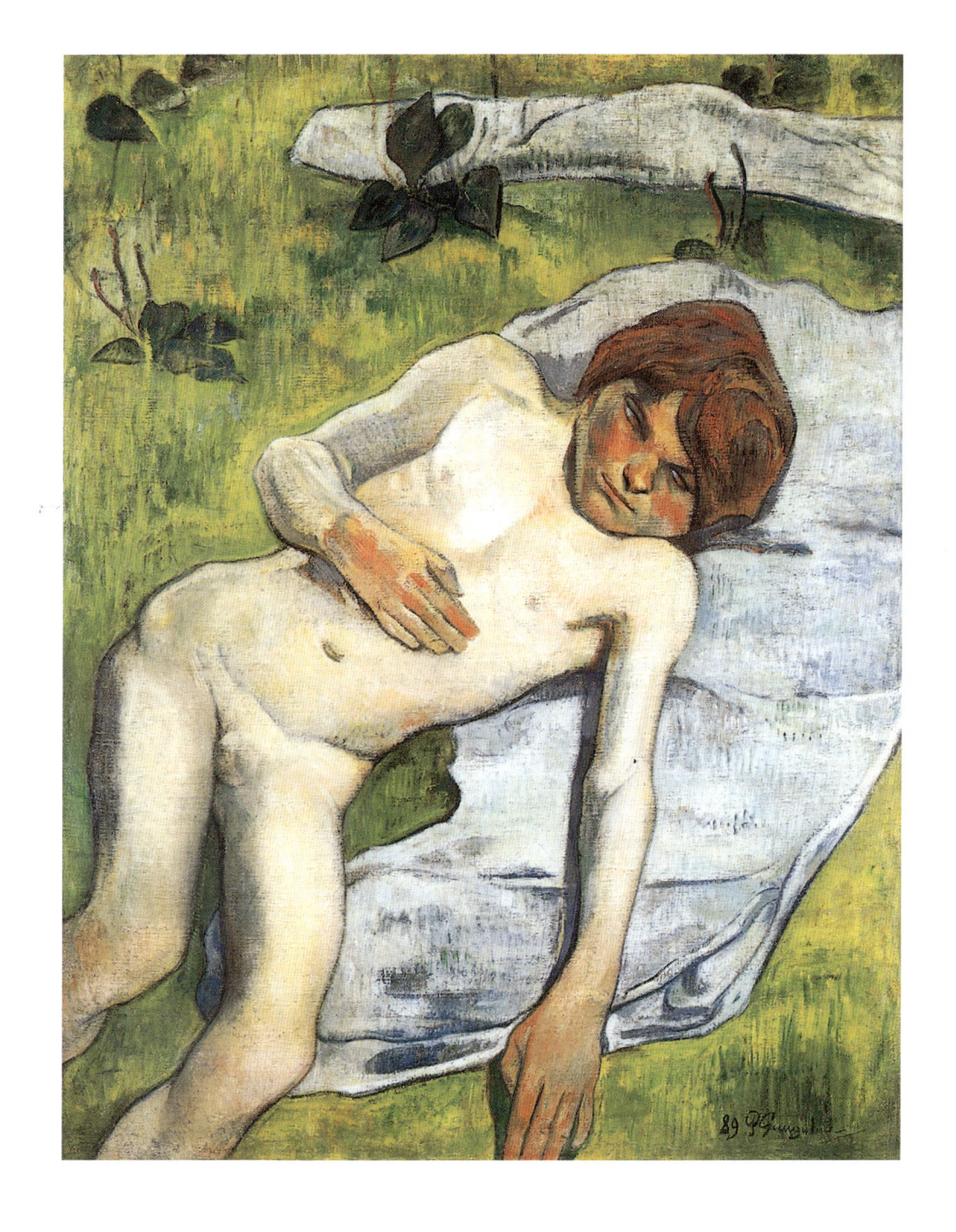

《戴帽子的自画像》
Autoportrait au chapeau
现收藏于法国巴黎奥赛美术馆

这幅画的背景中挂着高更的名作《死亡的幽灵在注视》，这也是画家本人最喜欢的画作。彼时，高更刚刚在杜兰德-卢埃尔[5]举办的展览上崭露头角，并租下了维钦托利街 6 号作为画室，准备大展宏图。高更一生创作了许多不同版本的自画像，对他而言，自画像的意义并不仅仅在于塑造人物形象，还在于呈现某个时刻的人生，因此高更笔下的自己总是神态各异，流露出明显的情绪变化，从早期的焦虑不安到后期的坦率无畏。在这幅自画像中，高更展现出了一个面临诸多考验、奋力挣扎的男人伪装出来的脆弱的权威感。

自画像，追寻身份认同的载体

Une affaire d'autoportraits, la recherche d'une identité

无论是凡·高的自画像，还是高更的自画像，都反映了他们起伏的人生和不同的成长阶段。在凡·高身上，生命的成熟伴随着癫狂；而在高更身上，他一直在追寻自己的身份，或者说确立某种个性，他想要接近自己原始狂野的一面。诗人、剧作家查理·莫里斯曾这样描述高更："他的脸骨头明显，而且非常宽大，额头狭窄。鼻子不弯（不是鹰钩鼻），有点像断了一样。嘴唇很薄，不怎么动。眼睑很重，整个人看起来懒洋洋的。眼睛微突，蓝色的眼珠，给人一种飘忽不定的感觉。不过，他的上半身和头部似乎动起来颇为费力。"

乍看之下，高更的自画像带着一种自负的气息。不过，对画家有所了解的人都知道，高更的本性多疑复杂，其内心隐藏着根深蒂固的羞涩，心理状态也非常脆弱。因此，当侵蚀他人生的婚恋问题发生时，这种脆弱一下子就暴露了。

5 编者注：全名保罗·杜兰德-卢埃尔（Paul Durand-Ruel，1831年—1922年），艺术品商人，收藏家，巴比松画家米勒、库尔贝和柯罗的早期支持者，印象派的拥护者，多次参与组织印象派展览。

高更的故事

《自画像：悲惨世界》
Autoportrait « Les Misérables »
现收藏于荷兰阿姆斯特丹的凡·高博物馆

创作这幅自画像时，高更正准备前往阿尔勒，与凡·高汇合。他在画面的右上角画上了两人共同的好友伯纳德的肖像，并在右下角题词向凡·高致敬。自画像题为"悲惨世界"，因此其灵感很可能源自维克多·雨果同名小说中的主人公冉·阿让。在向舒弗内克描述这幅画时，高更评论道："尽管乍一看像是匪徒头目冉·阿让，但也算画出了一个寂寂无名、始终为世界所束缚的印象派画家的模样。"此外，高更还谈及了画中一些有趣的细节："人物的眼睛、嘴巴和鼻子就像是波斯地毯上的花朵。这也是一种象征手法。画作的用色脱离了大自然真实的颜色，不禁让人联想到火焰中扭曲的陶器。"凡·高收到高更的自画像时有些为难，因为他觉得这幅画太过于悲观。

此外，透过高更早年的自画像，我们也可以看到他为了自己的梦想，为了锻造一名优秀画家所需的品质而经历的种种磨砺。那是一个沉闷的平凡男子，尚未向世人展露自己的才华，更没有成为万人敬仰的偶像。不过，当时的他似乎已经感应到了神圣的灵通，这番憬悟滋养了他的心。于是，高更将自己视为折服在信仰下的乞怜人或殉道者。正是在这样的心境下，他创作出了名画《黄色基督旁的自画像》（参见第 47 页）。

自画像，追寻身份认同的载体

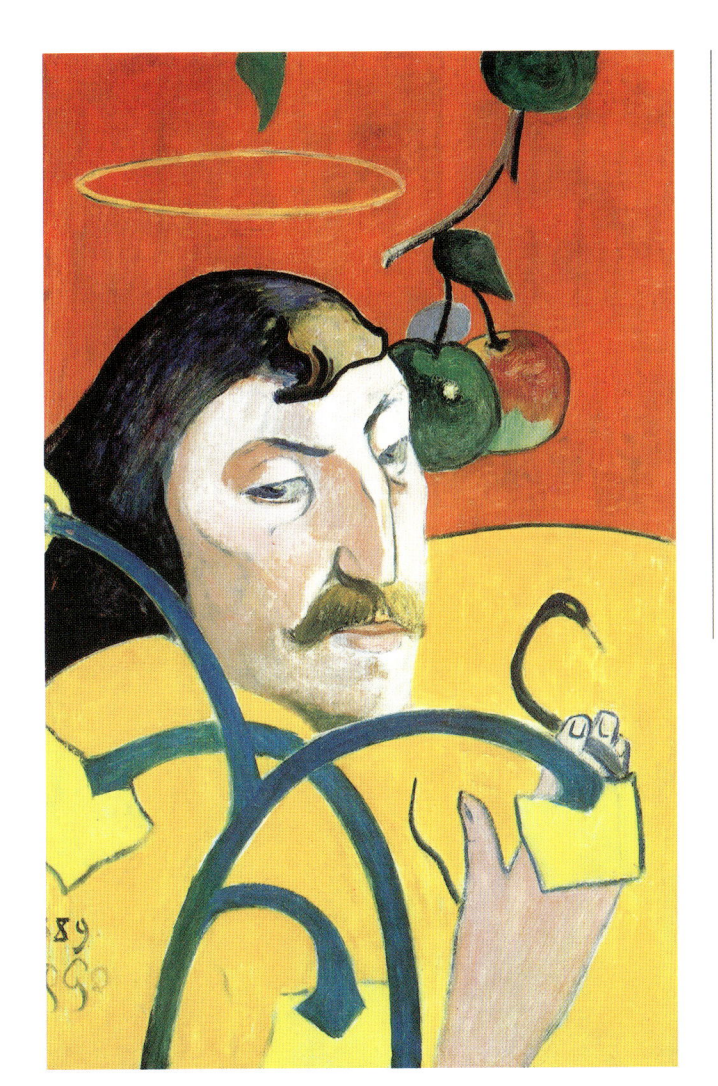

《高更的自画像》
Portrait de Gauguin par lui-même

现收藏于美国华盛顿国家美术馆（切斯特·戴尔藏品）

这是高更最与众不同的自画像。他在玛丽·亨利坐落于勒·珀杜的旅馆的餐厅里创作了这幅画，并将它悬挂在迈耶·德·哈恩的旅馆中。在自画像中，高更运用了漫画的表现方式，把自己塑造成圣人的模样，透露出某种幽默的意味。该画游移在讽刺画和幻灭的圣画像之间，采用了神像式的装饰主义手法。此外，高更还在画中添加了一些耐人寻味的细节，如苹果和蛇。在某种意义上，他将自己神化成了潮流的引领者。这与现在人们对高更复杂行为的认知不谋而合，他总是在近乎傲慢的自信和几乎根深蒂固的焦虑中无休止地挣扎着。

  高更从未停下创作的步伐。随着时间的推移，他开始在作品中加入越来越多的寓言元素，希望借此来表达自己内心深处的所感所想。他提练出人类面部所能呈现的一切表情，去除他认为与本性无关的外在桎梏，坚信唯有本性的显露才是最重要的，才能打动他人。

  令人触动的是，高更完全屏蔽他周围的环境，摈弃一切哗众取宠的技巧。他宁愿当镜中的一个幻影，成为注视死神面孔的那个人。

高更的故事

《**裸体习作**》，又名《**缝纫时的苏珊娜**》
Etude de nu ou Suzanne cousant
现收藏于丹麦哥本哈根嘉士伯雕塑馆

据高更的小儿子波拉回忆，正是《裸体习作》在第六届印象派画展上大受欢迎之后，父亲才决定放弃股票经纪人的职业转而全身心地投入绘画事业。当时的自然主义文学流派成员若利斯·卡尔·于斯曼对这幅作品大加赞扬，甚至大胆地将其与荷兰绘画大师伦勃朗的油画《沐浴的拔示巴》相比较。不同于伦勃朗以感性且富有同情的眼光来还原《圣经》中的女性，高更对宗教及历史题材不那么关注，而是用更加粗犷的手法来塑造人物形象，这无疑体现了画家的现实主义倾向。

股票经纪人

Courtier en bourse

在阿罗萨的提携下，高更踏进了证券交易行业，成了一名股票经纪人，尽管没有机会再像海员那样在大海中乘风破浪，但他在交易所中体会到了证券界的风云变幻。这份工作为他提供了丰厚的收入，令他得以跻身于富人阶级。在此之前，高更并没有太多的学习和工作经验，他的个性是在远航中逐渐塑造出来的。因此，他的身上始终保留着毫不掩饰的粗野，以及"大西洋狼鱼"一般的攻击性，这似乎也注定了他未来人生的不确定性。

高更旺盛的精力弥补他在金融经验上的不足。他头脑灵活，充满亲和力，同时对证券交易充满热情（后来他又将这股热情投入了绘画领域），因此没过多久便在证券交易行业混得风生水起，赚了不少钱。

有了丰厚的家底后，高更开始对艺术收藏产生了兴趣，并逐渐沉迷其中不可自拔。随着购入的收藏品越来越多，高更爱上了绘画，他不再满足于享受他人创造出来的艺术，而是萌生出了自己创作的念头。

高更虽然没有接受过专业的艺术培训，只是业余的爱好者，却始终保持着敏锐的艺术嗅觉和不容将就的标准。哪怕是后来被绘画这个"魔鬼"牢牢地征服、吞噬之后，他也依然保有细品名家杰作的习惯。

高更的故事

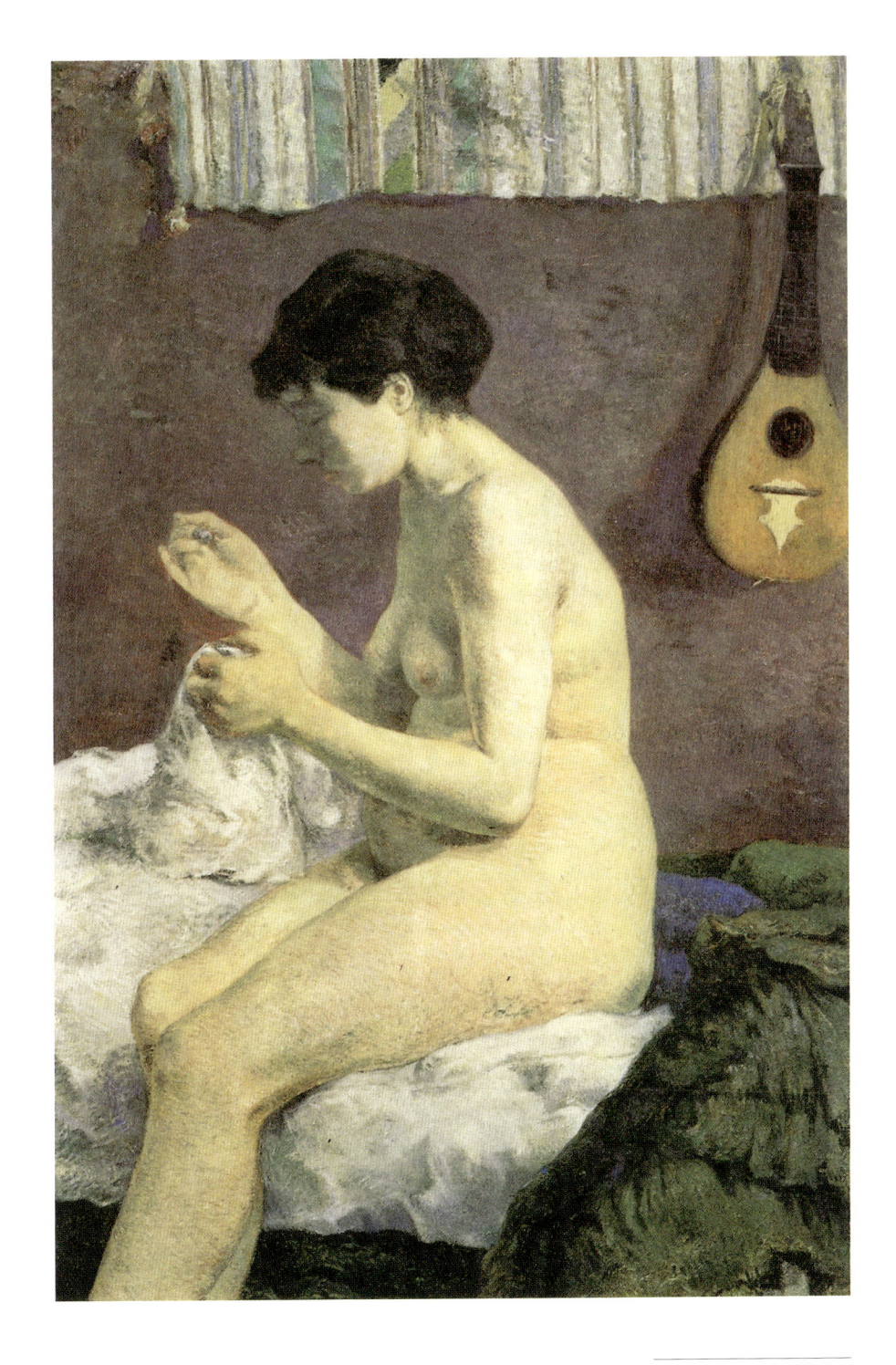

《雕塑家欧贝和一个孩子》
Le Sculpteur Aubé et un enfant
现收藏于法国巴黎小皇宫博物馆

画面右侧的男子是高更住在富尔诺街（现法尔吉尔街）74号时的邻居，雕塑家让-保罗·欧贝（1837年—1916年）。两人的房东都是儒勒·布约，因此见过几次面。至于画面左侧的孩子，其身份我们不得而知，他似乎只在这幅作品中出现过（有人猜测这个孩子是欧贝的儿子）。整幅画的完成度很高，只是两个场景的衔接不够连贯，如欧贝的肩膀就和窗帘连成一体。高更似乎想要模仿中世纪的彩绘书，将多个没有实际关联的场景和谐地并置于同一个框架内，一幅别出心裁的画。

藏画的启发

L'exemple d'une collection

高更不是天生的画家。他也是走过了一段漫长、痛苦且艰难的路，才成为一名画家的。他生活的一切都在阻止他走这条路：他在证券交易行业有着稳定的工作，生活无忧，有望给年轻的妻子一个光明的未来，而在绘画上，他只不过是一个刚起步的业余玩家。幸运的是，高更拥有一位可靠的领路人——古斯塔夫·阿罗萨。阿罗萨是一位涉猎广博的艺术爱好者，有着独到的艺术品位，在自己位于布雷达街的公寓中收藏了一批珍贵的绘画作品。这些作品出自不同流派的画家之手，不仅有现实主义画派的古斯塔夫·库尔贝、卡米耶·柯罗，浪漫主义画派的欧仁·德拉克洛瓦，巴比松画派的弗朗索瓦·哈比尼、西奥多·卢梭等，还有欧仁·布丹及其他印象派画家。

在阿萨罗的帮助下，高更有机会接触各种不同的艺术，并且没有流连于学院派艺术。这一点在那个时代实属不易，因为学院派艺术是当时社会的主流，深受高更所在的资产阶级的追捧。而阿萨罗的藏画无疑帮助高更摆脱了学院派的束缚，并唤醒了他体内沉睡的艺术细胞。高更开始疯狂地从不同流派的大师之作中学习绘画知识，汲取画家需要的养分。

　　1873年，高更与来自丹麦的梅特结婚。梅特对艺术知之甚少，她以为丈夫只是将艺术作为消遣，从未想到在不久的将来这会成为两人婚姻路上的绊脚石。高更起初只是个"周日画家"，在工作之余谨慎地探索着自己的艺术之路，所以倒是不妨碍他的正职。

　　年轻的高更夫妇住在新雅典市中心的地标圣乔治广场，看似前途光明，顺风顺水，正如他们甜蜜的爱情一样。一个是来自丹麦的严谨女孩，一个是弗洛拉·特里斯坦的热血后裔，两人俨然是一对性格互补的模范夫妻……

高更的故事

《静物：中国牡丹和曼陀林》
Nature morte avec pivoines de Chine et mandoline
现收藏于法国巴黎奥赛美术馆

高更与同时代画家之间友爱、欣赏的关系在这幅画中得到了很好的体现。画中迷人的花束是德加送给高更的礼物，高更初入行时得到了德加的热心指导，因此他一直非常敬仰德加。花束背后的墙上挂着基约曼的油画《果园》，这是高更的收藏品之一。实际上，高更之所以步入画坛，也得益于友人阿罗萨的帮助，正是阿罗萨的艺术藏品及资讯为高更打开了新世界的大门，极大地促进和激发了高更的早期创作。

藏画的启发

《蓬图瓦兹附近，埃尔米塔日的苹果树》
Les Pommiers de l'Hermitage, dans les environs de Pontoise
现收藏于瑞士阿劳阿尔高美术馆

高更在阿罗萨家中欣赏到了毕沙罗的作品之后，便将它们买下，作为私人收藏。他非常钦佩毕沙罗的艺术，并坚持与身边的人分享这一点。这股热情很快便引起了毕沙罗的注意，于是当时独居于蓬图瓦兹的毕沙罗邀请"周日画家"高更来自己的住处附近一起创作。如今，很多人都会忽视毕沙罗对印象派的影响，但实际上，在印象派发扬光大的过程中，毕沙罗扮演了非常重要的角色，他不遗余力地向拜访他的年轻艺术家们推广印象派。高更就是其中的一员，他从这位仁慈的前辈身上获益匪浅。为追随大师的步伐，高更早期经常会借鉴毕沙罗的绘画题材。不过，他的表现手法与毕沙罗还是有所不同的，他擅长为平凡、真实的题材添加装饰性的趣味。在这幅画中，高更娴熟地描绘出了蓬图瓦兹附近的风景，显然对这片土地已经了然于心。可以说，蓬图瓦兹为无数在阿旺桥创作的艺术家提供了艺术灵感。

《马尔塞街，画家的屋子里》，又名《静物：花》
L'Intérieur du peintre, rue Carcel ou Fleurs, nature morte
现收藏于挪威奥斯陆国家艺术、建筑和设计博物馆

1882 年，该作品在第七届印象派画展上展出。对此，于斯曼评论道："这幅画用色恶毒、晦暗。"在这幅画中，高更同时描绘了静物，以及自己家中的生活场景。也是在这一时期，高更高调地宣称："艺术就像音乐一样，通过感官来撼动灵魂，色调的和谐与音乐的和谐是相通的；只不过在绘画中，我们能获得一种在音乐中无法得到的统一，因为音乐的和声是一个接一个发生的……而绘画则有着和文学一样的优势，可以将想要表达的内容一次性告诉读者或观者，让他们马上了解一切的起承转合。"

股票、生活、周日画家

La Bourse ou la vie, ou un peintre du dimanche

作为一名证券交易所的年轻职员，高更无疑贴着资产阶级的标签，有着光明的未来。换句话说，他可以尽情享受物质上的富足，而且这种富足也恰好符合当时人们对成功人士的标准。在这个资本市场欣欣向荣、蓬勃发展的时代，人们开始追名逐利，陷入竞争和贪财的怪圈，利益成了维系人际关系、界定社会信誉的唯一标准，这直接导致了人们的精神退化、神性荡然无存。

就连艺术家们的追求也不再纯粹，纷纷向资本市场靠拢，其中与资产阶级走得最近的当属学院派画家。反过来，资产阶级也乐意恭维学院派画家，将其奉为艺术界的主流。这两个群体有着共同的爱好和品位，都沉溺于金钱和美色。

说到这就不得不提瓦尔黛丝·德拉比涅，她是一名游离于艺术和金钱、风雅和奢靡之间的高级妓女，被誉为"画家盟主"。德拉比涅与很多法国画家都交情匪浅，不仅收藏了军事题材画家爱德华·德塔耶的 13 幅画、爱国主义画家阿方斯·德·诺维尔的作品，还拥有印象派画家亨利·格维克斯的作品（德拉比涅曾住在蒙索区的豪华酒店里，与格维克斯比邻而居）。

由此可见，哪怕是印象派画家，所谓绘画艺术的革命者，也不排斥融入那个时代的资产阶级生活，仿佛这就是他们的生存方式，不带有一点痛苦，也没有一丝呐喊。

然而，这种妥协的态度却与高更的立场背道而驰（这也是他和凡·高唯一的共同点），他的创作追求令他从根本上无法接受这一点。他迫切地想要摆脱社会和家庭的责任，全身心地投入艺术的怀抱。

高更的故事

《老板的女儿》
La Fille du patron
现收藏于法国圣日耳曼－莱昂的莫里斯·丹尼斯博物馆

> 这幅肖像的风格还算传统，笔触略显青涩。高更在画中添加了自己最喜欢的花卉元素作为装饰。这绝非个例，事实上，高更的许多作品（尤其是肖像）都包含花卉元素。此外，高更还在画中加入了彩色织物，体现了东方装饰艺术对画家的影响。这种装饰风格源自高更童年时代在秘鲁的经历，或许是为了纪念那段时光，高更在维钦托利街的住处也采用了这一风格。

  但事与愿违，初入画坛的高更不得不委曲求全地推销自己、搜寻客户，一方面是为了维持生计，另一方面也是为了获得认可。这种情况无疑严重地违背高更的初心。他想过孤立自己以摆脱社会的束缚，但他又不舍得放下妻子和孩子；他也想过逃到思想开放、能让人一夜成名的巴黎，可他又担心自己会受到排斥，无法融入巴黎。渐渐地，高更越来越陷入这种自相矛盾的挣扎，无法自拔，直到有一天他突然醒悟：艺术需要全身心的投入，有舍才能有得。于是，他决定摧毁自己当下拥有的一切。

  与梅特结婚后，高更便从单身时居住的拉布吕耶街搬到了圣乔治广场。对艺术创作者而言，生活的地理位置至关重要。高更的住处距离证券交易所非常近，位于林荫大道和圣乔治区之间，前者是社会精英的领地，后者是艺术家和画廊的天堂。这似乎也侧面体现了高更纠结的内心，他尽管向往艺术，却一时间难下决断。

  不过，对艺术的追求最终还是占了上风，虽然在世人眼中，当时的高更只是一名收藏家和业余画家，但他还是决定进军这个全新的领域。高更开始偷偷地参加正式画展，并坚定不移地加入了印象派的阵营。就这样，他逐渐成了一名职业画家。

  从前当股票经纪人的时候，高更叱咤商场，日入斗金，迅速搬进了寸土寸金的沙约区；一转眼，他成了画家，收入骤减，没多久便迫于经济压力搬到了沃吉拉尔。

  回溯高更的人生轨迹，我们可以清晰地看到他是如何下定决心转换跑道的，又是因何与妻子梅特产生分歧的。事实上，当高更做出抉择时，无论是妻子梅特，还是他身边的其他朋友都认为这无异于自甘堕落。不过，高更显然并不在乎，尽管周围的反对声不绝于耳，但他已然下定决心奔赴新的战场，即便倾尽所有也在所不惜。

股票、生活、周日画家

高更的故事

《拄拐的男人》
L'Homme au bâton
现收藏于法国巴黎小皇宫博物馆

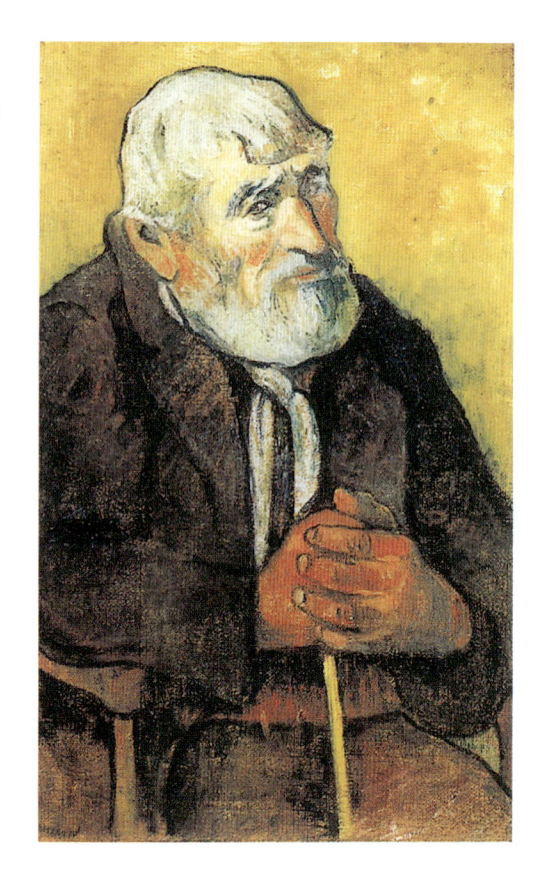

舒弗内克出现

Entrée en scène de Schuffenecker

舒弗内克的名字有"好人舒芬"的意思。他是高更一生中最信任的人，也是高更的忠实拥趸之一。不过，两人却有着本质上的不同，无论从艺术表现来看，还是从对待艺术的态度来看，舒弗内克都是一个过分理性的守规主义者，高更则像是一个决绝的"自杀者"。

舒弗内克是一个被优雅的艺术吸引的资产阶级。在他眼中，艺术不是一项使命，只是他情有独钟的爱好而已。舒弗内克和高更是在证券交易所认识的，当时舒弗内克过得有些不如意，而高更则初入画坛，两人可以说在合适的时间点遇到了彼此。不过，高更很快就在绘画造诣上超越了舒弗内克。对高更而言，舒弗内克从来都不是"导师"，更像是自己低潮期的同伴和投资人。

《舒弗内克一家》
La Famille Schuffenecker
现收藏于法国巴黎奥赛美术馆

舒弗内克是高更在证券交易所的同行,曾鼓励高更专注于绘画创作。但两人的关系极为复杂:面对初入画坛的高更,舒弗内克总是热情地提供支持;反观高更,对舒弗内克的态度则有些令人捉摸不透,高更时而鄙夷地称舒弗内克为"小杂货店老板"(甚至会傲慢地评判对方的作品),时而又若无其事地向他求助。当高更流离失所时,舒弗内克收留了高更,让他借住在自己位于布拉尔街道 29 号的家中。当高更想在马达加斯加开办"热带画室"时,他曾计划拉"好人舒芬"入伙,同时邀请的人选还有埃米尔·伯纳德、迈耶·德·哈恩和文森特·凡·高。但是,这一次,舒弗内克并没有被高更异想天开的蓝图打动。舒弗内克当时还只是个不甚出名的小画家,他不想冒险,遭人诟病。尽管如此,毋庸置疑的是,舒弗内克一家给予了高更家庭的温暖。

高更的故事

《小小的梦》
La Petite rêve
现收藏于丹麦夏洛特伦德的奥德罗普格园林博物馆

高更经常会画一些沉浸在梦境中的人物。这幅画是其中现存最早的一幅，画中在儿童房中沉睡的小女孩是高更的女儿艾琳（画家最疼爱的孩子）。儿童房与梦境的主题十分契合，是承载幻想和梦境的最佳空间。高更通过构建一个家庭生活场景，呈现了在花鸟世界（背景的墙纸）中的奇幻之旅。这是天堂般幸福的童年景象。可以说，高更的全部作品都在寻求"他处"和不可能（或迷失）的幸福。在作品《死亡的幽灵在注视》中，他也采用了类似的表现手法。

《睡着的孩子》
Enfant endormi
私人收藏

这幅作品描绘了一个沉睡的孩子的梦境，背景一如既往地采用了有装饰图案的墙纸。高更并不注重作品讲述的故事是否合理，也不考虑各元素间的比例是否合适，他看重的是画面的装饰性。在这幅画中，高更创造出了一种另类的构图方式，利用开放的空间将梦境（该画的真正主题）定格在画布上，让观者可以通过画布抵达另一个世界。该作品足以令象征主义者肃然起敬，尽管高更既没有表现出象征主义者对内在精神世界的迷恋，也没有采用暗喻的表达方式，而是将目光放在了生活中最平淡无奇的方面，但他以独特的手法对梦境做出陈述，供观者品读和分享。

舒弗内克出现

高更一度曾因经济拮据寄居在舒弗内克家中，他也从不避讳开口向慷慨的舒弗内克借钱，请他帮忙。两人之间的友谊似乎并不对等：舒弗内克对高更万分敬重，而高更却好像只是觉得有利可图。当时的高更捉襟见肘，只能依靠舒弗内克度日，但高更又与舒弗内克的妻子发生了"出轨"事件，这使得高更与舒弗内克的关系变得异常复杂。

　　当然了，总体而言，两人之间还是建立了比较友好的关系，常会一起参加游行和展览。在那个年代，举办或参与展览对艺术家而言意义重大，不仅可以起到扬名的作用，还可以帮助艺术结交朋友、吸引客户。

　　在舒弗内克的引荐下，高更参加了诸多展览，他甚至在巴黎世界博览会期间于沃尔皮尼咖啡馆亲自筹备组织了一场画展。沃尔皮尼咖啡馆画展的参与者将自己定义为印象派和综合派。可惜的是，该画展并未获得预期中的成功。

高更的故事

《毕沙罗画的高更肖像，以及高更画的毕沙罗肖像》
Portrait de Gauguin par Pissarro et de Pissarro par Gauguin
现收藏于法国巴黎卢浮宫

这幅画展现了高更与毕沙罗这两位画家之间的故事。对高更而言，毕沙罗亦师亦友。两人相识时，高更对未来的方向和绘画这一选择仍心怀迟疑。此前，高更曾在阿罗萨看到毕沙罗的作品（阿罗萨将毕沙罗的画作视为不可多得的收藏珍品），因此对毕沙罗有一定的了解，也十分敬重这位前辈。然而，此时谁也未能想到，在不久的将来，这两位画家会走上两条截然不同的道路。毕沙罗选择追随修拉开创的点彩派（又称新印象派），在延续印象派的基础上，保留现实主义的日常题材。高更则脱离了毕沙罗的影响，朝着另一个完全相反的方向发展，并不像点彩派那样用细小的色点堆砌出图案，而是追求形式的简化和色彩的装饰效果。毕沙罗所处的年代是先锋运动的十字路口。他一往无前，把尚处于迷茫期的高更留在轨道上，又把塞尚留在浓墨重彩的颜料中。毕沙罗是描绘大自然和表现光线的大师，后人可以根据他的作品一窥印象派的演变历程。

初拾画笔
Balbutiements

I

诚然，回望高更的一生，他有时会因为过于自负招致同侪的愤恨。不过，其实他初拾画笔时也曾忐忑不安，内心充满顾忌和犹豫，事实上，他花费了数年的时间来摸索自己的风格。他的画家之路与大部分画家都截然不同。

一般人当画家，都是从青年时代起就稳扎稳打，为成为一名职业画家做准备，换言之，他们是循序渐进的，绘画就是他们的职业和追求。反观高更，他本是一名事业有成的股票经纪人，却选择放弃优渥的生活、牺牲一切转行做画家，这是何等的勇气和决心。

高更与塞尚有过几面之缘，他还收藏了塞尚的几幅作品，其中包括一幅静物画（该画曾出现在纳比派画家丹尼斯的作品《向赛纳致敬》中）。和塞尚一样，高更也经历了缓慢的蜕变过程。他竭力摆脱古板沉闷的绘画，却不知道该何去何从。最终，他选择摈弃印象派的细碎笔触及户外写生的规矩，也因此与修拉站在了对立面上。修拉有着扎实的艺术理论基础，年仅 27 岁便自成一派，开创了点彩画法，一时间风头无二，拥趸无数。但高更对此不以为然，甚至颇为厌恶，频

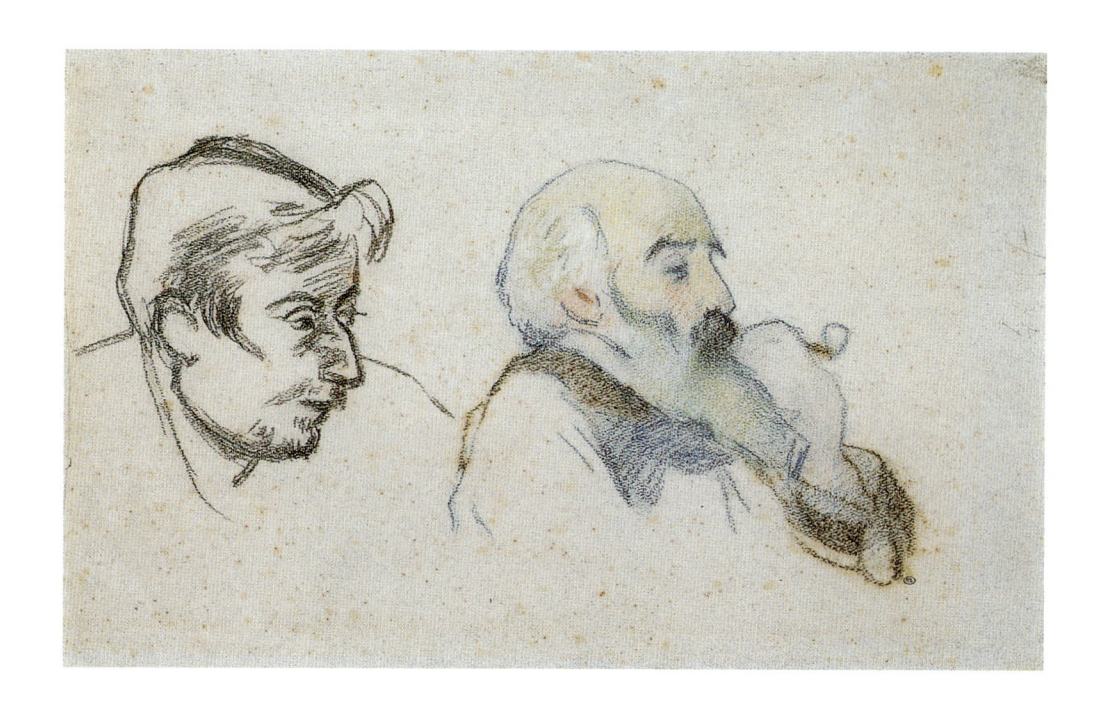

频攻击和挖苦修拉。当看到导师毕沙罗对印象派的满腔热血时，他更是感到心烦意乱、惶惑不解，因为印象派激进的科学化完全违背了他的艺术追求。

在毕沙罗的影响下，高更曾专注于风景画的创作。然而，没过多久，心高气傲的他就觉得风景画只适合早期拿来练手，想要更上一层楼。正是这种狂傲自大的心态造成他很难深入研究某类绘画，也阻碍了他提升自己的画技。尽管高更对自己的要求十分严苛，野心勃勃，但他毕竟还只是一个初学者，有着很多不足……这给他带来了诸多困扰。在很长一段时间里，高更都没有找正自己的位置，无法认清自己无所适从、才能有待挖掘的真实情况。

在摸索自己绘画风格的过程中，高更也开始尝试陶艺，并发现这种艺术形式与自己的品位喜好十分契合。于是，陶艺成了高更创作的出口。他不再局限于描绘一直以来企图挑衅、对峙（令人不快）的巴黎社会，转而将目光投向自己在秘鲁首都利马度过的童年时光，细细品味起他那时见过的千奇百怪的巴洛克风格陶器。

高更的故事

《蓬图瓦兹附近的采石场》
Carrière aux environs de Pontoise
现收藏于瑞士苏黎世艺术馆

该画的题材很普通，不过高更选取了一个较难表现的角度，他在画中描绘了一个有许多开口的空间，这些开口看起来十分神秘，似乎正等待着观者去一探究竟。高更并没有采用常规的风景画表现手法，他不满足于简单地再现一个空间，而是希望在夸大现实因素的同时，将其图式化，以构建一个神秘的空间。从这个角度来看，高更俨然已经成了一名象征主义画家——象征主义者常会将大自然塑造成有待人类解开的谜团。比起还原采石场的风貌，高更更像是创造出了一个全新的空间。可以说，他的作品是对他自己的拷问，也是他对命运的拷问。

《浴场》
La Baignade
现收藏于阿根廷布宜诺斯艾利斯国家美术馆

很多画家都创作过浴场主题的作品，如德加、塞尚、雷诺阿、卡耶博特等。高更也不例外，他希望能通过这一主题来表达自己对人类身体乃至大自然的看法。在这幅画中，高更采用了竖构图，并且非常关注现实元素的呈现，通过诸多细节勾勒出了两个出身良好的女性形象。该画创作于高更的职业生涯早期，当时的他还没有明确的方向，一边是评论家看重的内容（如费利克斯·费南就很注重对场景画面俱到的描述），另一边是源自大溪地的明艳装饰风，他在内容和装饰性之间徘徊不定。不过，初入画坛的高更有着令人钦佩的直觉，他勇于探索未知的大陆，大胆地用全新的方式来诠释世界中壮丽、多样、自然的力量。

初拾画笔

高更的故事

《**布列塔尼姑娘的圆舞曲**》
La Ronde des Petits Bretonnes

现收藏于美国华盛顿国家美术馆（保罗·梅隆夫妇藏品）

> 画中的三个姑娘正欢快地手拉手转着圈，跳着圆舞曲，这是一种宣告土地所有权的仪式。自古以来，各类宗教活动上都少不了舞蹈，尤其是在那些注重民俗传统的地区。在这幅画中，舞蹈与风景融为一体，达到了完美的和谐统一，成功地体现出了当地的人文氛围。

启程，拨开迷雾

Débuts, hésitations, influences

I

    高更会用心地观摩同时代画家的画作，并果敢地模仿那些能触动自己内心的作品。在他模仿的画家中，既有广受赞誉的皮维·德·夏凡纳，也有名声不佳、丑闻缠身的马奈。此外，高更还敢于一视同仁地挑战自己崇拜的对象。可见，他一直在通过各种方式来探寻自我。在这一过程中，我们可以看到他不同寻常的好奇心，以及他广泛的研究兴趣。

    大部分画家往往会选择传承某位前辈或某个流派的画风，并将其发扬光大。但高更从来都不走寻常路，在个人喜好和近似妄想的野心的驱使下，他不仅明言拒绝传承那时的主流艺术（曾成为印象派的一员），还继续偏离轨道，在同时代画家都尚处于西方（欧洲）视野之下的时候，他决定转而研究其他文明，并就此迈向了广阔的东方世界。

    事实上，当时，东方主义正在席卷西方，但所谓的东方主义展现的只不过是西方视野下的东方。其表现方式与主题并不相符，更多的还是遵循从前的传统。因此，从某种角度来看，这种东方主义和学院派别无二致，也完全与高更的追求背道而驰。高更想要追求的东方是脱离西方视野的东方，于是他奋力挣脱枷锁，试图摆脱纯粹的纪录性视角（他认为纪录性视角无非是挖掘题材的诗意和色欲罢了）。高更认为，比起写实性，更重要的是创作者与描绘对象之间的交融，以及灵魂的触碰。

在布列塔尼，高更画渔夫的鞋；在布利尼西亚，他画村民的围裙。他笔下的人事物（或者说灵魂）与当地的风情和气质融为一体。他在各地创作时，没有像摄影师那样在现场创作，而是像人类学家那样致力于探索当地居民更深层的性格、风俗和信仰，不过他既没有套用科学严谨的人种学视角，也没有一味陷入他人的视角和感知。

　　相反，高更希望在一个助他返璞归真的环境中，回归本性，找回自己。他尝试融入当地生活，融入当地的人物、风俗、传统……然后，他用画笔将这一切定格在自己的画布上，借助新颖甚至奇异的题材构建出一个"原始且被世人遗忘"的空间。

　　高更用作品《我的野蛮面孔》吹响了号角。面对飞速的科技进步及现代化进程，高更宣称自己没有受到蛊惑，也没有与时代的狂热潮流同流合污。在这幅画中，高更"化身"为另一个人，但他没有伪装自己。这不禁让人联想到了亚瑟·兰波（他在很多方面与高更不谋而合）的名言："我即他者。"

高更的故事

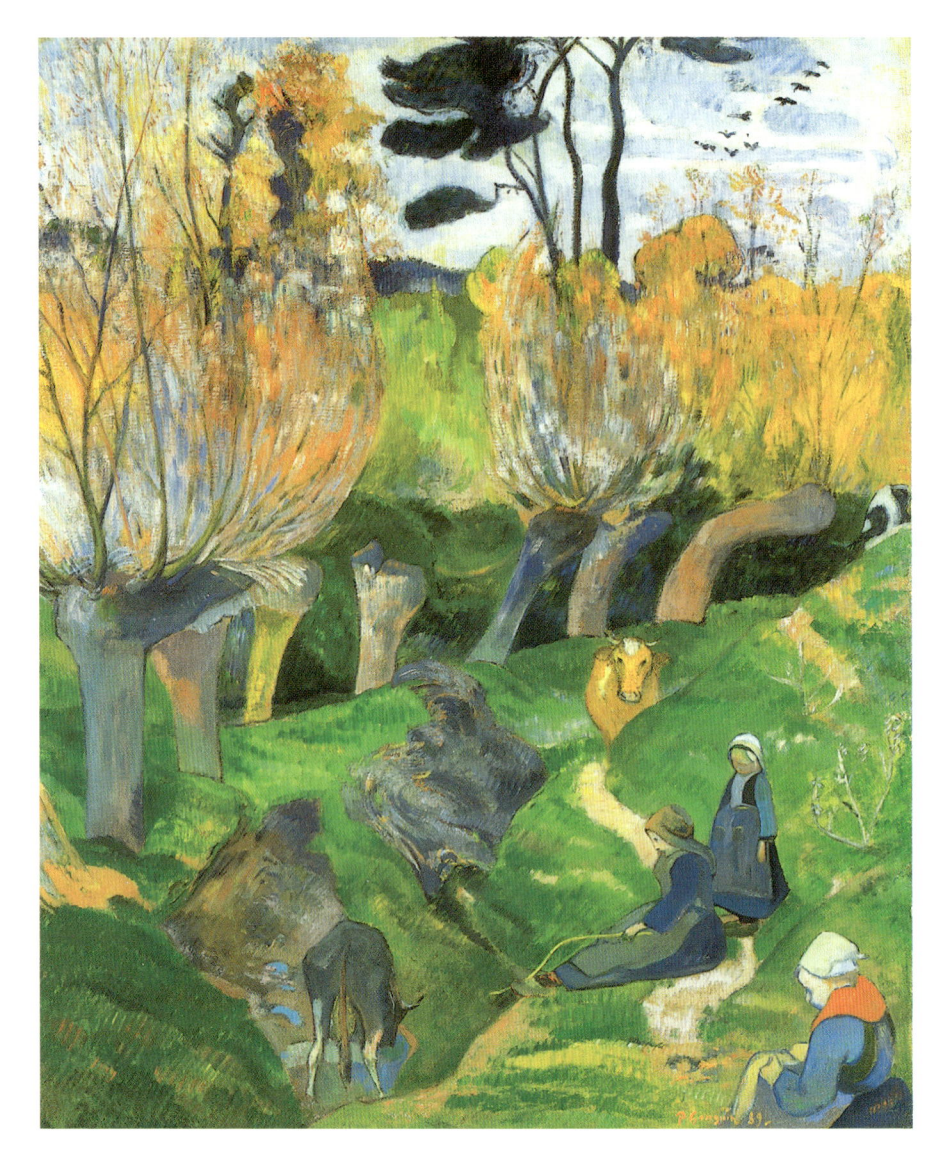

《布列塔尼风景与柳树》
Paysage breton avec saules
现收藏于挪威奥斯陆国家艺术、建筑和设计博物馆

和印象派一样,高更并没有简单地在画布上还原真实的景物,而是用一种全新的眼光来重新审视风景。他孜孜不倦,满怀热情地将风景提炼为各种不同的形状和颜色,并以此为基础进行再创作。在高更眼中,绘画绝不仅仅在于描绘图案,更在于升华作品的精神,挖掘令题材焕发新生的秘密力量。因此,他选择身临其境,走进现场,与风景融为一体。

启程,拨开迷雾

《布列塔尼的牧羊女》
La Bergère bretonne
现收藏于英国泰恩河畔纽卡斯尔的莱英画廊

经过一段时间的沉淀,以及实地观察和实践,高更对创作有了越来越多自己的思考,也积累了大量的绘画素材。他永远不会浮于题材表面,总能客观而准确地捕捉到对象的特质,呈现超乎世人预期的内容。其作品似乎蕴含着一股内在的冲动。这股冲动冲击着整个画面,愈升愈高,就像是一场火热而危险、生涩却坚决的新生力量,勇往直前,扫除障碍,坚定不移地推着他冲向他一直热切追寻的、依稀见到过的出口(找到创作的出口是高更心底的愿景)。

高更的故事

《草垛》，又名《土豆田》
Les Meules ou Le Champ de pommes de terre
现收藏于美国华盛顿国家美术馆（威廉·埃夫里尔·哈里曼基金会捐赠，以纪念玛丽·诺尔顿·哈里曼）

在普尔杜逗留期间，高更一心一意地与迈耶·德·哈恩共同创作。在对阿旺桥派进行认真的剖析后，高更认为该画派并不符合自己的艺术追求，于是带着哈恩一同退出了该画派。高更在画作《草垛》中描绘了自己一生最爱的主题——富有民俗特色和当地风情的乡村景致。前景中正在放牛的女子更为画面平添了几分生活气息。整幅画看似粗犷，却有着精致的细节，层次丰富，让人不禁联想到剧院的门廊，装饰感极强。

超越绘画

Au-delà de la peinture

在职业生涯初期，高更还只是时代的追浪者，曾投入印象派的怀抱。那是印象派蓬勃发展的时期，印象派从众多新流派中脱颖而出，甚至有艳压学院派之势。直到1881年，高更才从印象派的框架中跳脱出来。对此，查理·居伊·勒·保罗评论道："保罗·高更出生于印象派诞生的年代，他自然而然被裹挟进印象派运动的历史潮流中。但在接下来的18年里，高更的艺术轨迹都离不开他对'做自己'这一权利的逐步争取。"

当高更的第一任导师毕沙罗从印象派转变为点彩派时，高更却走上了另一条截然不同的道路——分隔主义[6]。该流派的代表人物是法国画家路易斯·安克坦，高更是通过阿旺桥派画家埃米尔·伯纳德的作品接触到这一流派的。该流派的绘画风格对高更造成了极大的触动，也促使他找到了自己独树一帜的风格。而在高更准备脱离印象派的同时，印象派内部的矛盾也几乎到了临界点。

高更的故事

《黄色基督旁的自画像》
Autoportrait au Christ jaune
现收藏于法国巴黎奥赛美术馆

高更的自画像反映了他在不同阶段的精神和内心状态，体现了他在不断拓展、不断变化的创作中对自己的不同定位。在这幅自画像中，高更展现出了一种平和的心境。当时他刚刚结束了阿旺桥之行，找到了符合自身特质的风格和未来的方向。在构图方面，他借鉴了古典主义大师普桑的自画像，创造出了一幅令人愉悦的作品。从画中人的表情不难看出，画家本人对这幅自画像也非常满意。此外，自画像的背景也透露出了诸多信息，左侧是高更艺术生涯中的里程碑式作品《黄色基督》（参见第141页），右侧是他钟爱的陶艺作品。在这一时期，高更创作了不少陶艺作品。对他而言，陶艺不仅是绘画之余的消遣，还是塑造多样形态、释放内心力量的一种方式，更为他的绘画事业带来了很多奇思妙想。

尽管印象派的大部分重要成员，包括莫奈、雷诺阿、西斯莱、莫里索等人，仍然坚守阵营，舍不得放下手里这卷匆忙写就的篇章，但高更已然决心要重建被印象派"毁灭"的绘画。虽然印象派的中流砥柱德加对后辈高更颇为欣赏，但高更却认为这位大师过于冷酷苛刻。在高更的理念中，绘画是在画布上庄严铺就的元素的集合，不同元素在画布上凝聚成一股力量，最终汇集成一个暗喻的整体；在富有表现力的笔触和色彩的加持下，绘画将呈现出强烈的表现力。对高更而言，绘画就是释放思想力量的过程，也是他重新构建属于自己的世界的过程。

6 编者注：分隔主义（Cloisonnism），19世纪末后印象派的一种艺术风格，作品多采用轮廓清晰、扁平的构图方式，并以黑色线条描边。

高更的故事

《布道后的幻象》，又名《雅各布与天使的斗争》
La Vision du Sermon ou La Lutte de Jacob avec l'ange
现收藏于苏格兰国家美术馆

《布道后的幻象》是高更的代表作之一，也是阿旺桥派的奠基之作。然而，该画当时却引发了巨大的争议，因为其画风与埃米尔·伯纳德此前的作品《祈祷的布列塔尼姑娘》十分相似。伯纳德甚至公开批判高更剽窃了自己的创意，包括明确的人物轮廓、平面化的处理手法、大胆的构图方式等，就连注重装饰效果而非对真实场景的呈现都如出一辙。事实究竟如何，我们已经无从考证，但整体而言，高更的这幅作品还是极为精彩的。作家及艺术评论家阿尔伯特·奥里埃就十分推崇这幅油画，认为这是一幅不可多得的杰作，他描述了画中的场景："在遥远的地方……在一个神话般的山上，山坡是闪闪发光的朱红色。我们看到雅各布与天使在战斗。"此外，奥里埃还在著作《绘画中的象征主义》中将高更誉为"新流派之父"。

艺术史学家伊波利特·阿道尔夫·丹纳曾说："世上除了图形及其构建的梦境，没有什么是真实的。"那个时代的画家，笔触还远远称不上超脱，创作也仍然依赖于现实，譬如印象派就提倡画家须解读"愉悦眼睛的光线"，与光线发生共鸣。然而，高更却有着更宏伟的目标，他主张在画作中表达难以言说的内心思想，因为人本身就要通过梦境和欲望去追随人生被赋予的意义，去达成内心的愿景，而这一过程无疑可以帮助画家建立身份认同。

高更主张的艺术立于"变",一面朝向未来,一面重温过去。这种艺术能唤醒甚至颠覆画家的自我意识,激发人心。相比之下,印象派只能说是"取悦于小资产阶级"、缺乏理性追求和深厚的内在动力的绘画。从某种程度上说,高更所追求的与象征主义有着相似之处,都是"变"的艺术,只不过高更再进一步,为艺术注入了新的意象。他的作品就像是一幅展开的哲学画卷,让观者可以从不同的角度进行多元的解读。

高更的故事

《跳舞的布列塔尼姑娘》
Petites Bretonnes dansant
现收藏于荷兰阿姆斯特丹的凡·高博物馆

尽管高更在驻留阿旺桥期间曾受到当地风土人情的感染，但他从未真正沉迷于风景的"如画"特质，而只是将各色景物视为与自己艺术直觉和追求相符合的一种塑造对象，无论是布列塔尼，还是大溪地岛，都是如此。高更超越了历史画和宗教画的限制，用心挖掘题材的一切可能性，不去取悦或回应人们根深蒂固的期待。这幅画是《布列塔尼姑娘的圆舞曲》（参见第41页）的草图之一，是高更在现场完成的。由此可见，即便是绘制简单的草图，高更也会对他观察的对象进行重塑。透过草图，我们可以近距离地体验到高更那独特的艺术魅力，既粗犷不羁又庄严沉静。

追逐普鲁斯特的世界

Chassé du monde de Proust

I

高更转行当画家后，渐渐褪去了资产阶级的外在，与此前当股票经纪人时的形象判若两人。他将自己和尔虞我诈的社会完全割裂开来，有时还不忘故意穿些奇装异服以示跟资产阶级划清界限。

对此，画家保罗·塞萨尔·赫勒[7]曾多次不屑地表示："如此怪诞之人怎么会有才华。"1886年，高更开始在迪耶普一带流浪，那是他一生中最贫困潦倒的时期。回溯高更当初的际遇，我们可以深刻地体会到在那年夏天，乃至他的整个绘画生涯里，他是如何被以雅克-埃米尔·布兰奇为首的"高雅"艺术家群体（其中包括被附庸风雅的年轻人视为偶像的德加）排挤的。这

[7] 编者注：保罗·塞萨尔·赫勒（Paul César Helleu，1859年12月17日—1927年3月23日），法国油画家、粉彩画家、版画家，以创作的女性肖像闻名。

高更的故事

追逐普鲁斯特的世界

《绿色基督》
Le Christ vert
现收藏于比利时布鲁塞尔皇家艺术与历史博物馆

普鲁斯特的世界空灵脱俗，极其感性，却又充斥着上流社会的繁文缛节——这恰恰是高更最抗拒的。两者之间似乎没有任何联系。众所周知，普鲁斯特喜欢在诸如卡堡和特鲁维尔之类的奢华海滩找寻灵感，而高更则永远扎根于最接地气的布列塔尼。无论高更身在何处，只要他的脚踏在苦难的大地上，他就无法无动于衷，势必要把当地的"灵魂"画出来。在这幅画中，高更生动地表现出了基督从十字架上降下时内心的复杂感情。整幅作品画风质朴、气氛忧郁。

群艺术家的作品往往都流露出精致且傲慢的气息，他们眼中或许只有华贵的丝绸和香水。马塞尔·普鲁斯特的小说《追忆似水年华》里的主人公埃尔斯蒂尔就是这个自视甚高的小团体的缩影。在如此浮躁虚华的艺术界，高更无疑是异类，当然，他之所以被边缘化也与他放荡不羁的行为不无关系。不过，在阿旺桥时期，高更却颇有些精神领袖的意味，虽然他的追随者只是一群为主流世界所不屑的低级画师，但这也算是他人生的高光时刻。因为无论是在葛尔芒特，还是远离布兰奇的迪耶普，高更都没有机会显露头角，只能是一个徘徊在主流群体之外的流浪者（其作品亦然）。

《勒普尔迪的田野》
Les Champs au Pouldu
现收藏于美国华盛顿国家美术馆（保罗·梅隆夫妇藏品）

在荒无人烟的勒普尔迪，在迈耶·德·哈恩一个人的陪伴之下（哈恩想成为高更的学生），高更以惊人的速度展露了他在描绘景物细节方面的表现力。一派田园景致被凝结成了一首色彩的交响曲，仿佛田地里种的不是作物，而是多姿多彩的颜料。高更将风景简化成了层次分明、互相分隔的色块，以此来表现土地的"灵魂"。

《大海前的布列塔尼姑娘》
Petites Bretonnes devant la mer
现收藏于日本东京国立西方艺术博物馆

高更在谈及布列塔尼时曾这样说道："在这里，我看到了自己身上的野蛮气质。"布列塔尼当地人身上独有的特质和朴素的气质，令人想起散发着天真气息的圣像，或者高更最为钦佩的亚瑟·兰波。在这幅画中，充满乡村气息的人物与他们背后开阔的景观形成了鲜明的对比，令人眼前一亮。在处理背景的大海时，高更采用了多种不同的层次，仿佛在写作一般。作品采用了当时非常流行的日式画风。可以说，日本艺术无论是在美学追求上，还是在创作精神上，都撼动了几个世纪以来占主流的西方绘画传统。

高更的故事

《静物：橘子》
Nature morte aux oranges
现收藏于法国雷恩美术馆

这幅创作于 1881 年的静物画依稀展现了塞尚对高更深远的影响。整幅画风格质朴大气，构图巧妙紧凑，曾在第七届印象派画展上展出。

印象派悖论

Le paradoxe impressionniste

　　印象派思考的是如何取悦观者的眼睛，而非如何呈现神秘的精神世界。高更显然无法接受这种冷静得可怕的想法，哪怕印象派是那个时代所谓的先锋流派，同时也是最能给予高更"认可"的一派势力。然而，另一方面，高更在寻找自我的过程中也不可避免地受到印象派的同化（尽管当时印象派正处于严重的意识危机之中）。

　　印象派的同质性，归根到底还是其成员的背景：实际上，大部分印象派成员都是不受主流认可的艺术家，他们聚在一起，更多是因为相同的屈辱，而非共同的风格。渐渐地，印象派又分裂出了两个截然不同甚至是相互对立的小群体，一派喜欢细碎的笔触及"外光派"（即提倡户外写生）的瞬时性；另一派以德加为首，更注重题材的现代性，而非表现手法的现代性。

　　虽说德加在题材、构图等方面展露出个人的大胆风格（在这方面，他被高更视为榜样），但他的追随者并未脱离现实的守旧主义。对此，当时的革新派画家非常反感，他们认为印象派既称不上是一种绘画风格，也不算是抒发自我的方式。

印象派悖论

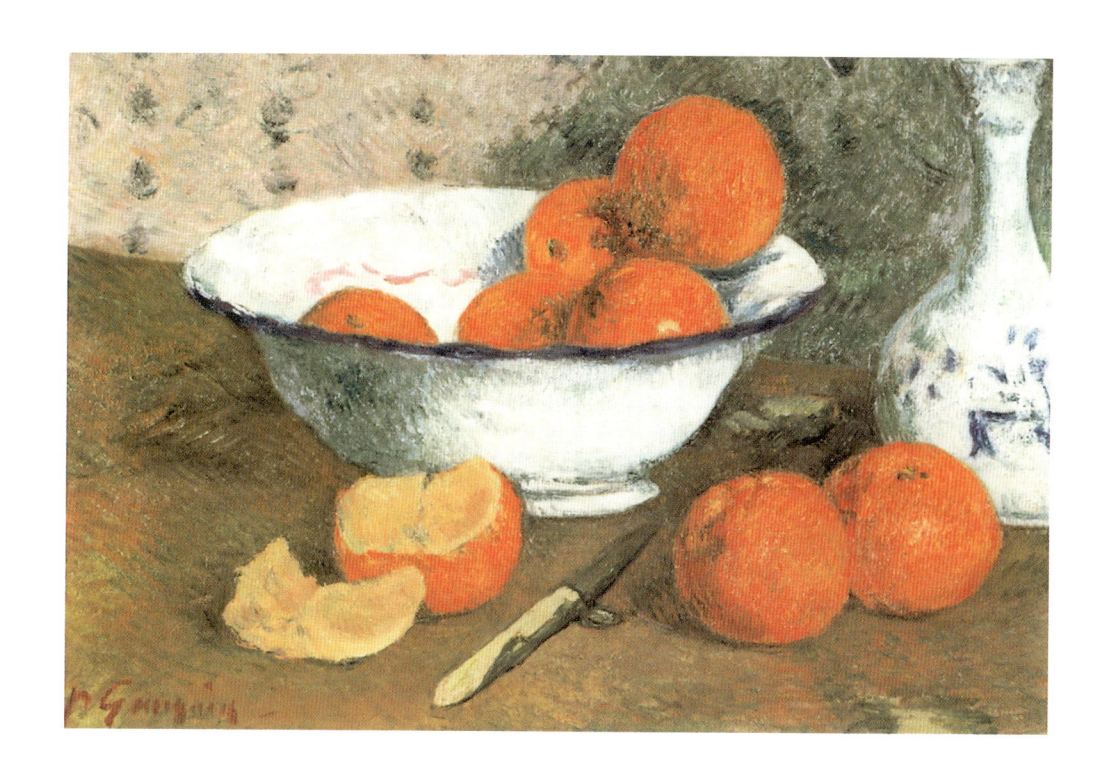

考虑到印象派传统上的不足，高更并没有加入这一团体。事实证明，这些不足后来也确实限制了一些画家的发展，其中就包括高更的好友舒弗内克。众所周知，毕沙罗的作品让高更受益匪浅，而舒弗内克的作品却对高更没有太多积极的影响。

　　高更对自己有着非常清醒的认识，这一方面得益于他本人成熟的思维，另一方面得益于他与阿罗萨的交情，在阿罗萨的引领下，他对那时的艺术有了中肯的认识。正因为这份清醒，高更才能够不断超越自己，取得进步。但也恰恰是这份清醒令他迟迟没有下定决心退出证券行业，因为他觉得自己还没有做好准备全身心地投入自己向往已久的艺术行业。他心里知道，艺术创作是一个飘摇不定、充满矛盾的世界，唯有"逆变"是艺术永恒的状态。印象派艺术早期不乏追随者，眼下却已经失去了革新的魄力。修拉惊艳的出场更坚定了高更认为艺术一直处于发展中的观点。艺术往往需要另辟蹊径。诚然，高更并不认同修拉的艺术主张，但修拉的出现让他感到未来更明朗了些。

高更的故事

《帆船》
Les Voiliers
私人收藏

高更在找到自己的风格和方向前，曾在多种流派之间徘徊，但他主要倾向的还是当时势头正好的印象派。早在当水手的时候，高更就爱上了大海，不过，他真正了解如何绘制大海还是在大溪地岛逗留期间，在此之前，他都还停留在模仿同时代画家的阶段。

当然，高更与发展境况不佳的印象派也有过一段暧昧不清的时期，他曾创作了若干隐约带有印象派风格的作品。在 1884 年的展览上，几位印象派泰斗都没有出席，点彩派（与高更的追求背道而驰）的坚定拥趸费利克斯·费南回忆道："尽管这次展览称不上十全十美，但还是颇具规模的。德加先生带来了别具一格的作品；莫里索、高更和基约曼一如既往地展示了印象派的风采；毕沙罗、修拉和西涅克则带来了一些新意。"

印象派悖论

donc pas à craindre comme avec les autres ce nombre innombrable de tableaux qu'il faut continuellement racheter. Si même ma femme ne prenait tout pour elle quand elle vend un tableau il y a longtemps que je vendrais tout ce que je fais en Danemark, et là ceci ne revient pas à Paris. ~~Mais~~ Ce n'est donc pour un marchand qu'une question de volonté et de patience, et non de gros capitaux comme pour Claude Monet. J'estime à 300 toiles au plus le nombre des toiles depuis que j'ai commencé à fonder dont une centaine ne comptent pas du tout du début. Là dessus il faut compter une cinquantaine classées à l'Étranger, et quelques unes en France chez des gens sérieux qui ne revendront pas. C'est comme vous voyez très peu. Et c'est à considérer d'autant plus que les prix de 300 Sont des prix de débutant et non d'un homme qui a une réputation bien établie.

Je crois maintenant avoir répondu à votre lettre en tous points. Il me reste à vous féliciter d'avoir acheté l'atelier de Cezanne en tant qu'affaire commerciale, parceque — et non comme affaire humanitaire puisque Cezanne est excessivement riche.

J'envoie cette lettre à Daniel qui vous la remettra et qui en tout et pourtout est chargé de mes affaires.

En 10 minutes de conversation si vous le voulez, vous serez plus vite d'accord qu'en deux ans de correspondance avec Tahiti et dans deux ans il y a beaucoup de chance — pour que je sois mort. étant donné le mauvais état de ma santé.

Tout vôtre.
Paul Gauguin

亲笔书信
Manuscrit

私人收藏

高更的故事

《打架的小孩》
Enfants luttant
私人收藏

在给好友舒弗内克的信中，高更评价了自己的这幅作品，他写道："这完全是日本风格的，同时又流露出一股秘鲁的野蛮气息。"该画综合体现了高更在艺术上的追求，也可见他吸收、内化了不同画派的影响。画作看似简单，却具有里程碑意义，它远远超越了一幅简单的民俗风情画（当地的风情深深震撼了每一个慕名而来探寻原始素材的画家）。在这幅画中，高更描绘了两个小孩正在打架的场景。这并非高更唯一一次表现打斗题材，在后来的作品《布道后的幻象》（参见第 49 页）中他再次演绎了这一经典主题，并借此致敬法国浪漫主义大师德拉克洛瓦为巴黎圣苏尔比斯教堂创作的名画《雅各与天使搏斗》。言归正传，回到《打架的小孩》这幅画，除了前景中的打斗场景，高更还巧妙地在背景中添加了一个正在水中沐浴的男子，这种独特的场景设置及视角着实令人眼前一亮。作品对景物的表现极为简洁，这也是高更描绘大溪地风景时的惯用手法。为达到简洁的效果，他甚至故意对人体进行了变形处理，放大人物特质，返璞归真，塑造出类似远古雕像的效果——高更一直十分迷恋古朴的雕像，并渴望在画作中重现它们的表现力和神圣的特质。

阿旺桥，布列塔尼的小港口

Pont-Aven, petit port breton

1863 年，阿旺桥开通了一条接通邻城坎佩尔莱的铁路线，因为交通方便，这里很快就成了艺术家最喜爱的目的地，这份传统也一直延续至今。阿旺桥位于布列塔尼，长期远离法国的现代化冲击，因此当地的传统风俗要比其他地方保留得更完善、发扬得更好，这无疑是一大优势，吸引了无数艺术家的目光。此外，阿旺桥在地理位置及自然风光方面也十分优越，为艺术家提供了海量令人心醉神迷的素材。

高更的故事

《静物：格罗奈克的节日》
Nature morte « fête Gloanec »
现收藏于法国奥尔良美术博物馆

这幅画代表高更在结合现实的自由创作上迈出了重要的一步。他采用了德加偏爱的俯视视角，同时借鉴了日本绘画的构图方式，凸显对角线的存在。该静物画曾被纳比派运动的理论家莫里斯·丹尼斯买下收藏。由此也可以看出，高更对纳比派运动的兴起也具有重要影响。

    每当旺季到来，阿旺桥总是人头攒动，无论是巴黎画室和学院的师生，还是世界各地的画家都纷纷慕名而来。不过，阿旺桥并没有马上变成另一个巴比松[8]（先锋派基地）。当然，与巴比松派一样，阿旺桥派同样没有逃脱学院派支持者的偏见和排挤，两者之间的矛盾越发尖锐，可谓是针尖对麦芒。在如此紧张的气氛之下，年轻画家及其支持者的力量越来越强，不禁让人联想到了当年印象派在巴黎崛起时的叛逆精神。

    高更在阿旺桥是当之无愧的精神领袖，他身边围绕着一群不同流派的艺术家。这些艺术家被高更吸引一方面是因为"他是最强的"，另一方面是因为他在论战界无人不知。要知道，在阿旺桥，即便是经营旅馆的人也对高更有所耳闻，其中就包括睿智博学的旅馆老板玛丽-让娜·格罗奈克。

阿旺桥，布列塔尼的小港口

编者注:巴比松,位于法国南部的枫丹白露附近,巴比松派(该画派的代表人物有让—弗朗索瓦·米勒、西奥多·卢梭和卡米耶·柯罗)的诞生地。到了1872年,巴比松已经汇聚了约一百名艺术家。

高更的故事

《栏杆》
La Barrière
现收藏于瑞士苏黎世艺术馆

这幅画的装饰风格与《你好，高更先生》（参见第 87 页）非常相似，不过画中的植物景观更加丰富。在整幅画中，前景处的栏杆是当仁不让的主角，其类似波浪的形状让人不禁联想到音乐中的韵律感。继高更之后，很多阿旺桥派的画家都曾围绕这一题材进行创作，如查尔斯·拉瓦尔就临摹过这幅画。

一如巴比松，阿旺桥的旅馆里住满了艺术家，是思想的共鸣板，也是艺术焕发活力的中心。在这里，艺术家将对艺术的思考凝结成一幅又一幅画作，他们在讨论中不断碰撞和完善自己的思想，这些思想的光辉瞬间又随着艺术家的流动在世界各处传播开来。

而在当地众多的旅馆中，格罗奈克旅馆无疑是佼佼者。作为艺术家的聚集地，该旅馆发挥的作用无异于巴黎皮加勒区的新雅典咖啡馆。无论来自何方，艺术家们都可以在这里畅所欲言、交流观点。正是这种自由开放的氛围滋养了新艺术流派的成长，对那些尚未成形或成体系的艺术流派而言，这种氛围着实难能可贵。可以说，在某种程度上，阿旺桥当地的旅馆推动了绘画艺术的发展。

阿旺桥，布列塔尼的小港口

高更的故事

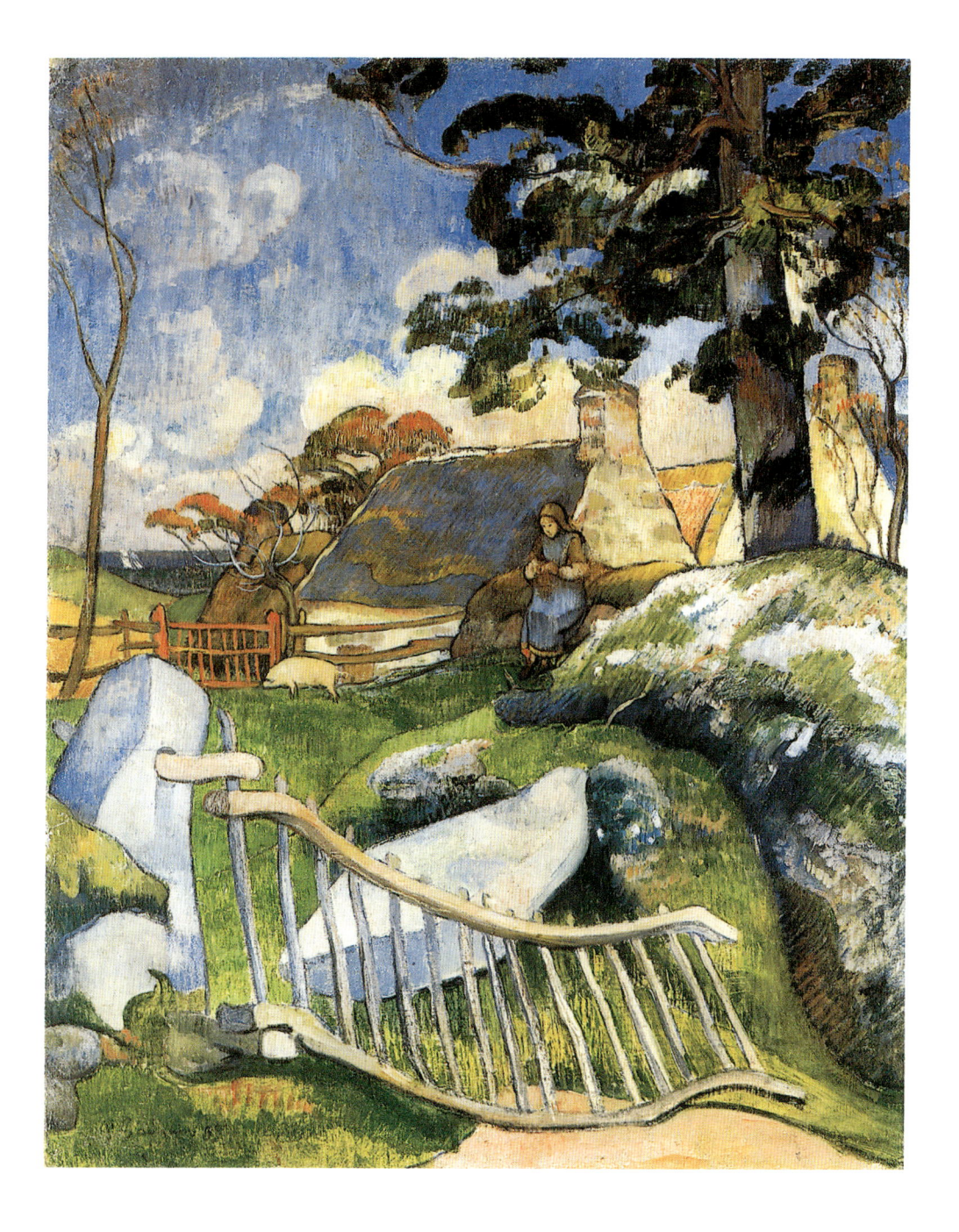

《水塘一角》
Coin de mare
现收藏于意大利米兰现代艺术博物馆

该作品曾在 1886 年的第七届印象派画展上展出，隶属于高更的"巴黎"系列风景画。和当时的画家一样，高更经常会游走在巴黎的乡间寻找灵感。此处展示的《水塘一角》与他同时期的作品《塞弗尔山坡》风格十分相似。

乡村艺术

De l'art d'être rustique

高更在走向原始主义之前，是一个乡村派画家。无论身在何处（布列塔尼、马提尼克岛），他都对大地的生命力充满敬意。乡村艺术的传统最早是由让-弗朗索瓦·米勒和巴比松派画家建立的，并受到了以毕沙罗为代表的印象派画家的推动。可以说，乡村艺术在高更的内心留下了深深的回响。

相比于充满现代化气息的城市，高更更喜欢乡村。乡村艺术是乡村生活的原始诠释，体现了乡间的传统，浓缩了乡村的精华。诚然，印象派美学曾令高更感到充满乐趣，也把他对艺术视角及主题的理解都提升到了相当高的水平，但他还是更愿意根植于平实的土地。高更非常喜欢描绘大地，对大地"坚实的脚步声"（此处借鉴了波德莱尔提出的"通感"概念，即声音、形状和颜色本是一体，可以凝结成一幅画）更是颇为赞许。于是，他将这份喜爱倾注在自己的画布上，尽情地歌颂大地的力量、忍性，以及无可比拟的珍贵价值。

高更的乡村画记录了他自己对乡间的印象。他在乡村画中的表现手法比较粗犷，因此，从某种角度来看，他的乡村画和草图没有什么区别。此时的高更就像是一名雕塑家，喜欢用最原始的材料作为创作素材。这与画家在绘制肖像时的表现截然不同，他在对待人物时往往先会细致地描绘，再大胆地进行综合和简化。

高更的故事

《热带植物》
Végétation tropicale

现收藏于苏格兰国家美术馆

单单从这幅风景画就可以体会到高更的马提尼克岛之行是多么愉快。画中茂盛的绿植令人想起大溪地岛奋力生长的迷人植物。作品构思精妙、层次丰富，高更采用了多变的笔触，如天空部分以轻拂的手法来表现细腻柔和的光线，植物部分以印象派的并置手法来表现其丰富性。他选取的是明信片式的视角，当地迷人的风光尽显无遗，让人仿佛置身于遥远的圣皮埃尔。此外，他还用色彩编织出了一首别具一格、图像化的交响曲。

马提尼克岛的耍蛇人

Martinique, charmeuse de serpent

本章的标题给人以天真烂漫之感，其实这一说法出自超现实主义艺术家安德烈·布勒东和安德烈·马森。两人曾以马提尼克岛之旅为灵感合作了一部著作，该作品的人物原型是"曾想在马提尼克岛定居"的高更，以及创作了《耍蛇人》的亨利·卢梭（常被称为"海关员"卢梭）。

当时，杂志《风景小店》的插图为欧洲人提供了想象的空间，马提尼克岛成了每个欧洲人的异域梦。而高更所做的，只是先于那些听闻梦境之地马提尼克岛的人，踏上了这条神话之路。

从布列塔尼之行就可以看出来，卢梭身上集合了"各种地带和沉睡的欲望"，他内心对伊甸园式的国度的怀想"令人动容"。而马提尼克岛恰好就符合这一标准。

马提尼克岛是所有人心中的世外桃源，每一个希望在大自然中享受内心深处孤独的人都能在这里找到寄托。卢梭和高更在马提尼克岛享受着天真的快乐，形影不离。卢梭保有童真的一面，他专心致志，用骤然变化、充满戏剧化的创作方式来表达自己的孤独。高更则将孤独更生动地转变成浓厚、强烈、不可抵挡的肉欲；同时，他超脱的态度又会让人忘记这一点。可以说，感性和野性在高更的身上完美地融合在了一起。

高更的故事

在前往马提尼岛之前，高更已经发现了自己的才华所在，摸索出了属于自己的风格，并将其以艺术语言阐述了出来。他萌生了逃离巴黎、追逐未受污染的纯净之地的念头，当然，这也是因为他经济拮据、难以为继。于是，高更在查尔斯·拉瓦尔的陪同下前往巴拿马运河。实际上，他们最初的目的地是塔博加岛，坚信那里是人间天堂，但出于种种原因，他们改道去了巴拿马运河，那里的自然环境受到运河工程（法老时代的工程）的影响变得十分恶劣，而且人流混杂。对像高更那样的艺术家而言，巴拿马运河绝对是人间炼狱。

雪上加霜的是，尽管高更的姐夫，也就是姐姐玛丽的丈夫在当地经营业务，但他为人势利，对急需帮助的高更视而不见。孤立无援的高更只能去运河的土方工程干苦力活，成为工人大军中的一员。历经苦痛之后，他终于攒够了钱，可以前往自己的梦境之地——马提尼克岛。

在马提尼克岛，高更和拉瓦尔沉浸在郁郁葱葱的大自然中，贪婪地汲取自然的养分，心里充满了创作的激情。拉瓦尔的创作风格和高更非常接近，以至于他的个别作品被后人误以为出自他这位著名的画家友人之手。

文森特·凡·高在见过高更的马提尼克岛主题作品后，评论道："从高更手里诞生的一切，都具有极其温柔、忧郁且触动人心的特点。"由此可见，凡·高不仅具有敏锐的观察力和细腻的风格，而且在描述一种艺术态度、一位画家、一幅作品或一种思想的时候用词非常精准。

那时的高更忘我地沉浸在风景之中，不停地创作，致力于挖掘风景深层的特质。奇怪的是，他的画面虽然充满绿植和阳光，但他笔下的大自然具有一种忧郁的气质——这其实也是高更内心深处的状态。

高更在大自然中寻求身份认同，全情投入，最终找到自我。他从来没有将自己抽离于题材和画面之外，而是认真地去体会作画时内心的悸动。也正因为如此，其作品总是隐藏着一股电流，可以直击人心。在马提尼克岛，这个万物相遇的地方，高更和他笔下的风景合二为一，形成了一幅理想的画卷。

马提尼克岛的耍蛇人

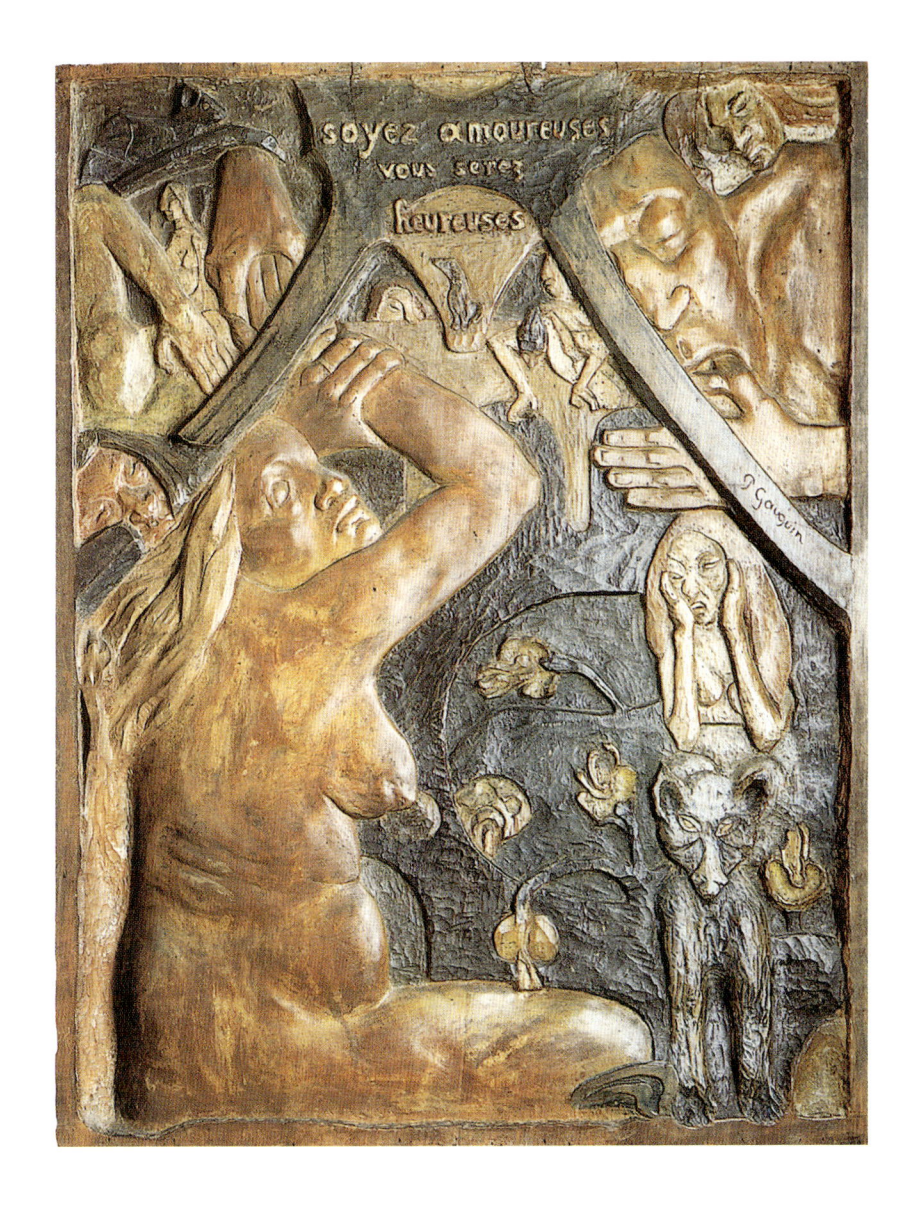

《恋爱吧，你会得到幸福》
Soyez amoureuses, vous serez heureuses

现收藏于美国波士顿艺术博物馆（亚瑟·特雷西·卡伯特基金）

无论是在绘画中，还是在版画中，高更都喜欢构建起伏的图案，以此赋予景物一种文学意味。在这幅木版画中，高更将主题、内心的恐惧及他个人神话中的人物融为一体。该作品属于高更后期的作品，其创作灵感来自他飘荡而痛苦的一生。对观者而言，欣赏高更的作品，就像在观看一个很早就孕育出来的梦境是如何一步步成型的。

高更的故事

《静物：拉瓦尔的轮廓》
Nature morte au profil de Laval
私人收藏

画中人查尔斯·拉瓦尔是莱昂·博纳[10]的学生（1862年—1894年），但他却以极大的热忱和激情加入了高更的阵营。他和高更一起冒险，从巴拿马跑到马提尼克岛，不辞辛劳。或许是被他的热情打动，高更欣然接纳拉瓦尔加入自己的"热带画室"项目。通过该项目，拉瓦尔得以接近凡·高，并给他送了一幅自画像作为礼物。后来，拉瓦尔还参加了在沃尔皮尼咖啡馆举办的展览。在此处展示的作品《静物：拉瓦尔的轮廓》中，高更采用了非常独特的构图，似乎在委婉地向德加致敬——德加很喜欢出其不意地在画面中添加一些人物，特别是他们的侧面。这种构图方式也频频在皮埃尔·博纳尔及其拥趸的作品中出现。

一个法伦斯泰尔[9]的乡愁

La nostalgie d'un phalanstère

高更在马提尼克岛经过了一段过渡期，而此时阿旺桥派的发展势头也如火如荼。他越来越希望能在一个艺术氛围浓厚的地方定居下来。与此同时，他与凡·高结下了友谊，并经常会通信联系。他们犹如两个迷路的旅人，迫切地渴望能找到一个适合他们发展艺术理想的地方，为自己珍贵的艺术思考找到一片最适宜的土壤，让它们茁壮成长。

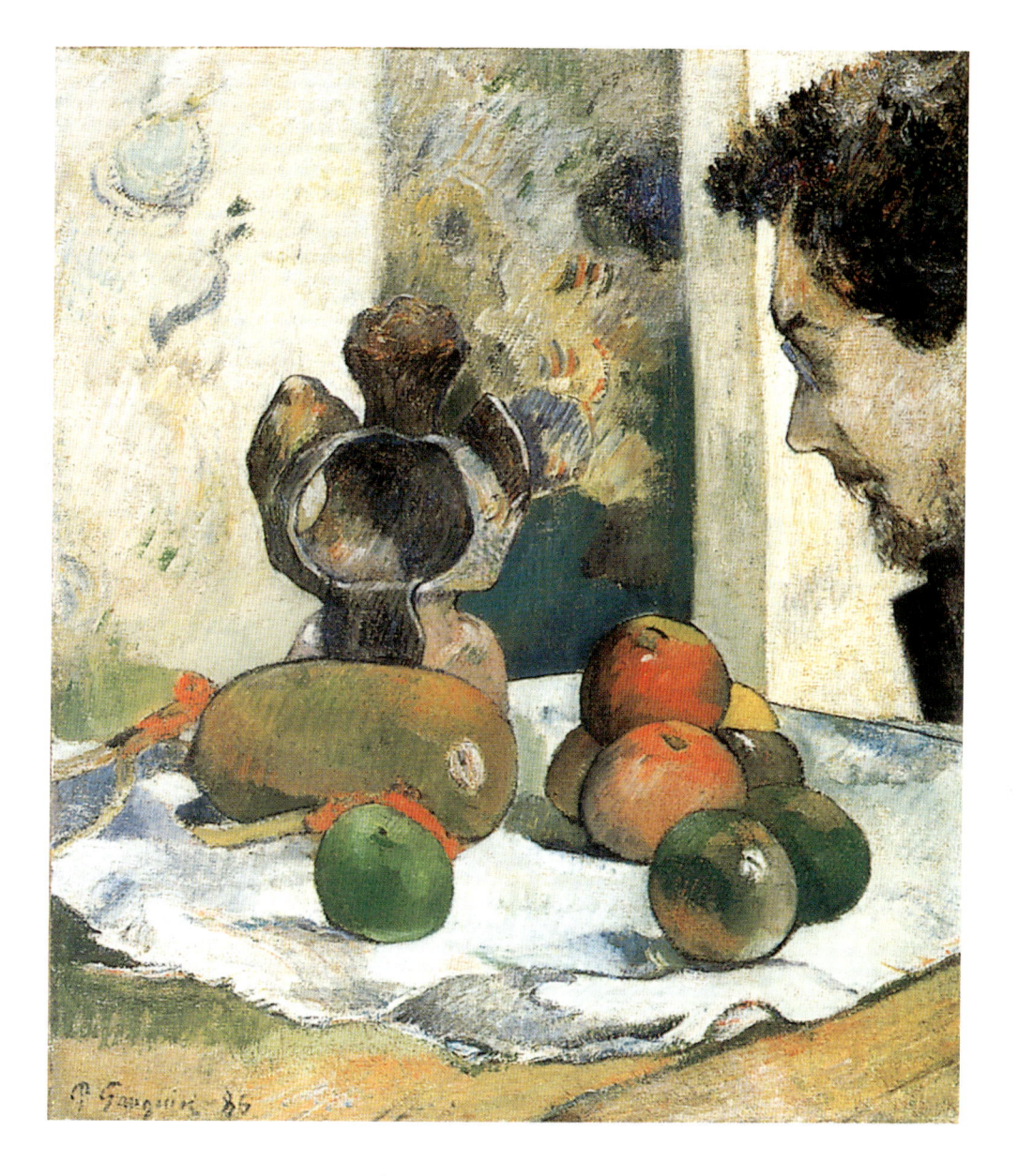

9 译者按:法伦斯泰尔(Phalanstère)原本指的是法国空想社会主义者傅立叶幻想要建立的社团,此处指的是艺术家群体的成员。

10 译者按:莱昂·博纳(Léon Bonnat,1833年6月20日—1922年9月8日),法国学院派画家,法国美术学院教授,因名人肖像和宗教画闻名,同时也创作乡村画。

高更的故事

《阿旺桥的阿旺河》
La Rivière Aven à Pont-Aven
私人收藏

与高更关系亲近的画家扬·维卡德曾对这幅画进行了详尽的解析："作品描绘了一个大村庄，还有村里独具特色、覆有石板的老房子。这些房子伫立在阿旺河谷的一个缺口上。这里湍急的河流为多家磨坊提供了源源不断的动力。村庄周围是陡峭的山丘，两侧的小径通向一片肥沃的高原，那里有教堂、农场和小树林。如果站在高处，你还可以看到南方有一个海湾（可惜那里有很多积沙），海湾深入内地，与阿旺河交汇。美丽的风景令人情不自禁想要拿起画笔来创作。"

　　在这一时期，高更表露出的态度很矛盾。他一方面在阿旺桥热烈的讨论中意气风发地发起话题，一方面却又有些闪躲，因为他怀疑自己只能在独处的状态中作画。他时而是一名思想家，时而又仿佛被封印在画室中，只能缓慢、小心翼翼地把符号集结成画作。他游走于公众和个人之间，并渐渐走向一种强迫般的孤独、一种病态、一种绝望。当然，这一切也成了高更创作的动力。

一个法伦斯泰尔的乡愁

阿旺桥是躁动的艺术中心，艺术家们在这里交流艺术心得、互相学习。比如，高更就在画家同行埃米尔·伯纳德身上吸收到了分隔主义的理念（伯纳德此后一直坚决主张该理念），这本身也不背离高更的艺术坚持。如此看来，高更确实借助他人的理念树立了属于自己荣耀的里程碑。不过，从另一个角度来看，也可以说高更的创造力能驾驭他的灵感，使一切灵感成型、落地。

高更的故事

《游泳的布列塔尼少年》
Jeunes Baigneurs Bretons
现收藏于德国汉堡艺术馆

在这幅画中,高更对景物进行了大刀阔斧的简化,但在塑造人物时他却延续了学院派的原则。不过,高更的重点并不在于刻画人物的面貌,而在于捕捉少年下海游泳前做准备时的场景,同时凸显周围的环境。作品的构图不禁令人联想到德加的作品《年轻的斗士》。画中的裸体不带任何情欲色彩,反而创造出了一种出乎意料的抽象感。

    对高更的这种行为,曾经与他亦师亦友的毕沙罗(后来成了冷嘲热讽的敌人)十分不屑,甚至曾公开指责高更"在别人的领地上偷猎"。但略显讽刺的是,毕沙罗自己加入后辈修拉的点彩派时也是这样做的。而且,事实上,法伦斯泰尔,或者说艺术家群体的原则就是交流、讨论和合作。

    这一代的画家是混乱的一代。一方面,他们希望守护古老的标准和原则,传承学院派的传统,沿袭促进绘画良好发展的一切规则;另一方面,该时期的绘画又因为滥用规则而退化。因此,画家们决定联合起来,交流思想和技巧,分享彼此的焦虑和快乐。高更也不例外,自从脱离了技巧的枷锁、重获自由之后,他也迫切地想要找到志同道合的同伴。

    正是在思想的融合和讨论的碰撞之中,高更逐渐找到了自己的风格,开始自成一派。他先是破旧立新,后又从风靡一时的日本艺术中汲取营养。对艺术创作而言,向外交流和向内沉淀的循环交替是最好的发展模式。高更独特的艺术就是如此发展出来的,因此他永远不缺少与众不同的创作素材。

高更的故事

《玛德莲娜·伯纳德的肖像》
Portrait de Madeleine Bernard
现收藏于法国格勒诺布尔博物馆

埃米尔·伯纳德决心追随高更的脚步，摈弃传统绘画的理念。在伯纳德的影响下，他的妹妹玛德莲娜开始走进高更的生命，并颠覆了他的人生。尽管高更的年纪都可以当玛德莲娜的爸爸了，但他还是为这个迷人的少女所吸引。高更的这幅肖像与他同时期的其他作品风格完全不同，他试图画出这个清新脱俗、有些神秘的少女的魅力和精致感。最终，玛德莲娜选择了拉瓦尔，并陪伴他直到他生命的最后一刻（1894年）。此后，玛德莲娜一直和哥哥住在一起。然而，此时的她已经染上了拉瓦尔的肺结核病，仅仅在拉瓦尔去世的第二年（1895年），她便在开罗离世。

    布列塔尼的阿旺桥为高更打开了关键的一扇大门。当时，高更尚在寻找一个空间、一处光亮、一个能让他绽放本性的地方。他渴望前往天涯海角，去一个能逃离都市文明污染的地方——多少人身处于这种污染之中，却只能当一个盲目的受害者。高更对岛屿的痴迷代表着他对回归艺术根源的渴望。与世隔绝的岛屿文明能推着他走近神圣的力量。

    艺术家们的相遇是联结19世纪和20世纪的枢纽。他们的聚集或出于偶然，或有意为之。他们坚定信念，拧成一股绳，共同应对时代的逆境。

    在这样的大背景下，印象派协同一致，与公然抵制印象派的官方沙龙制度进行斗争；巴比松派打开了大自然的大门，一个全新的画派在气氛欢快的枫丹白露森林及戛纳客栈之间诞生了；阿旺桥派则唱响了海上的号角。此外，纳比派与奥雷里昂·吕涅波及其佳作剧院合作；立体派与巴托-拉瓦尔合作；皮托派与雅克·维庸合作；超现实主义者与安德烈·布勒东合作——布勒东巧妙地运用集体的力量，将其作为传播他个人的思想和19世纪艺术家的成果的有力武器。

一个法伦斯泰尔的乡愁

高更的故事

《阿利斯康》
Les Alyscamps
现收藏于法国巴黎奥赛美术馆

这幅画创作于高更的阿尔勒时期。当时，高更和凡·高一起归隐于阿尔勒的黄房子，夜以继日地进行创作。在画中，高更采用了一些与凡·高相似的元素，同时保留了自己的创作视角。如果将这幅作品与凡·高笔下的阿利斯康进行比较，就可以清晰地体现出两人不同的绘画风格及艺术定位。高更的《阿利斯康》印证了画家的象征主义倾向，尤其是画中对色彩的处理。画家信手拈来，巧妙地运用色彩和空间编织出了一首和谐的乐曲。

阿尔勒计划

Plan fixe sur Arles

I

  凡·高在阿尔勒找到了西方世界中的日本：在澄净的天空下，在辽阔的土地上，杏花盛开，树木繁茂，葱葱郁郁的植物或围绕、或排开，形成了一道亮丽的风景，仿佛一幅用华丽的蔓藤花纹绘成的画作。这里的一切也吸引着高更。

  凡·高和高更既相似又不同。凡·高是一个感性的人，他凭激情创作；而高更则不然，在他眼中，激情只是精神的弱点。高更常常会反省自己的艺术，严格按照秩序进行艺术创作。尽管他对创作视角有着自己的想法，但出于效果考量，他有时还是需要遵循规范，因此找到合适的创作视角成了他的一大难题。高更追求的是思想的最高秩序和庄严的梦想。

  在凡·高的盛情邀请下，高更来到了阿尔勒。在这片土地上，两个男人怀揣着共同的愿景，并肩而行。无论是太阳高照的白天，还是寂静无声的夜里，都曾留下他们侃侃而谈的身影。没有妻子的夜晚，他们还会一同去风月场所取乐。

阿尔勒计划

高更的故事

《阿尔勒的风景》，又名《沿卢宾杜卢瓦运河的路》
Paysage à Arles (Le Chemin le long du canal la Roubine du roi)
现收藏于瑞典斯德哥尔摩国立博物馆

在这一时期，高更与凡·高（当时的房东）在艺术上进行了频繁的沟通和碰撞，他曾在一封信中写道："凡·高和我常常互不赞同对方的观点，尤其是在绘画方面。"高更擅长迅速用细节呈现景观，他意在表现大自然深层的活力，大自然的丰富、跃动及其火热的生命力。在该作品中，无论是道路，还是整个画面，似乎都围绕着画面中央犹如燃烧火焰的灌木丛旋转。这也体现了高更与凡·高的差异，面对同一题材，高更更看重景物的塑造与表现，而凡·高则更注重"感觉"的表达。

　　创作天赋极高的凡·高成了高更的导师、哥哥、邻居、朋友和同事。然而，两人之间很快便产生了矛盾，矛盾的导火线是凡·高的"向日葵"系列。高更创作了一幅肖像《凡·高在画向日葵》（参见第 103 页），这幅画令凡·高极为不满，他认为高更将自己塑造成了一个疯子，而高更觉则得自己只是画出了他平常的样子。这件事加剧了两位画家之间的分歧，起初只是一些小摩擦，后来发展到在小酒馆里争吵，两人恶语相向，还像流氓一样大打出手。这令人不禁想起魏尔伦和兰波在布鲁塞尔地狱般的决斗[11]。当然了，凡·高和高更的冲突不涉及男女之情，但看到凡·高激动的情绪和高更轻蔑而不屑的态度（正如兰波在他绝望的朋友面前显示出来的那样），不由让人感慨两段轶事戏剧般的相似之处。

阿尔勒计划

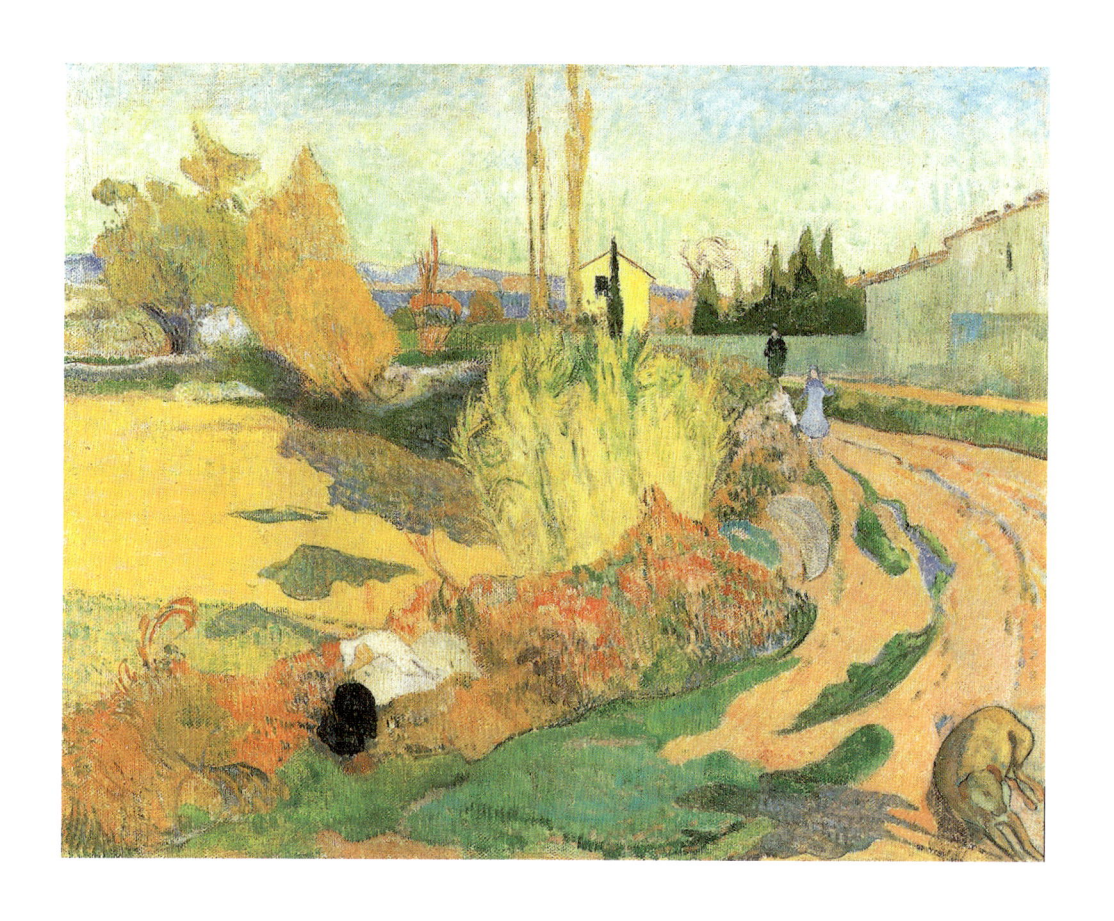

11　编者注：1873 年，诗人魏尔伦和兰波在布鲁塞尔发生了激烈的争吵，魏尔伦在绝望之下开枪打伤了兰波。为此，魏尔伦被判入狱两年，兰波也一蹶不振，在完成《地狱一季》之后便远走非洲，不再作诗。

高更的故事

《运河岸边的洗衣女》
Lavandières au bord du canal
现收藏于西班牙毕尔巴鄂的德贝拉斯·阿特斯博物馆

高更在这幅画中描绘了他最喜欢的主题，巧妙地将大自然中的流水以及与水有关的日常生活场景联系了起来。虽然整幅画的处理较为随意，但还是清楚地体现出了高更的美学诉求。高更借由女子洗衣的背影描绘出了她的努力勤奋，此外他将人物的活动极其自然地融合在了风景之中，营造出了一种充满韵律的美感。

《密史脱拉风的阿尔勒女人》,又名《阿尔勒公共花园》
Arlésiennes, mistral ou Jardin public, Arles
现收藏于美国芝加哥艺术学院(刘易斯·拉兰德·科恩先生及夫人藏品)

这是一幅颇具现代风格的奇作,其灵感源自黄房子门前的公共花园,或者说高更心目中"诗人的花园"。凡·高也曾受此启发创作了一系列油画。不同的是,在构图及用色上,高更认同偶像皮维·德·夏凡纳的观点,凡·高则认为杜米埃的地位无人能替代。

高更的故事

《你好，高更先生》
Bonjour Monsieur Gauguin
现收藏于捷克的布拉格纳罗德尼美术馆

高更把自己当成一个旅人，他也确实一直在流浪。在阿尔勒期间，他曾和凡·高前往蒙彼利埃的法布尔博物馆参观，并有幸看到了库尔贝的作品，其中包括著名的《你好，库尔贝先生》。从标题"你好，高更先生"上就可以看出，高更的这幅画借鉴了前辈库尔贝的名作。不过，两者在画风上还是有所不同的，库尔贝笔下的空间是晦暗且裸露的，而高更则特别注意画面的装饰性。在《你好，高更先生》中，高更描绘了富有戏剧性的暴风雨，借助大自然的奇异力量，赋予了原本简单的房屋一种不一样的感觉。画中的景物丰富优雅，配色也十分考究。

普尔杜，世界的尽头

Le Pouldu, le bout du monde

　　高更强势的个性中包含着一种近乎绝望的渴望：他渴望不断超越自己，不断去满足、达成甚至超越所有需要的条件。或许正因为这样，他的一生过得不太舒坦。

　　尽管高更成了阿旺桥某种意义上的精神领袖，但他渐渐对阿旺桥肤浅且躁动的氛围感到厌倦，恰好他也碰到了自己的转变期，于是他决定前往更远的地方。最终，他选择了普尔杜。普尔杜是一个小港口，离阿旺桥非常近，但人烟稀少。这里是"世界的尽头"，面朝大海。相较于阿旺桥，普尔杜的风景更加宜人，也更加原始和粗犷。

　　高更承认，他和迈耶·德·哈恩内心有着同样的孤独感——当时高更捉襟见肘，哈恩为他提供了住处和日常开销。高更曾向埃米尔·伯纳德吐露自己的孤独感，他坦承道："我想要的是一个属于自己的无人问津的角落。"可见，多年来漂泊不定的生活加深了高更的孤独。他从未停止探寻内心隐藏的部分，而这也不知不觉中成了他美学理念的基础。

高更的故事

《大溪地的女人》，又名《在海滩上》
Femmes de Tahiti ou Sur la plage
现收藏于法国巴黎奥赛美术馆

这幅画是"热带画室"的代表作，采用了后来摄影技术中的特写镜头，将人物与背景隔离开来。无论是空间的大小，还是人物的尺寸，高更都没有按照常规来下笔，他选择强调画中的人物。在画面中，两个女人是被动、卑微的，依稀透露出一种沉重的情色意味。透过该作品，高更致敬了他一直十分着迷的对象，即被西方文明忽略的女性及其生活方式。

热带画室

L'atelier des Tropiques

在阿旺桥，艺术家们可以与志同道合的人交流思想，互通信念……阿旺桥的这一特色对隐居在阿尔勒的凡·高极具吸引力。但他同时又有些犹豫，毕竟他性格冲动，并不太擅长处理人情往来。凡·高曾说："我越来越觉得，画家要做的是让绘画回到它最初的样子，达到极致的宁静，这与希腊雕塑家、德国音乐家、法国作家所做的别无二致。然而，这种作品无法凭一人之力完成，须由一群怀着共同理想的人共同缔造。"

阿旺桥派取得了丰富的成果，当地的画家以高更为首，另有一群他的"信徒"（伯纳德、拉瓦尔、塞律西埃[12]、哈恩等）。这些画家从未想过要创建一个新的阿尔勒，因为阿尔勒只属于高更和凡·高。两人性格迥异，有着各自的艺术追求：凡·高追求直接、残酷、完整的表达；高更则追求冥想式的分析，以及对装饰技巧的研究（这也是高更后来崭露头角的关键）。不过，两人也有着某种相同之处，那便是两人当时都已经与印象派拉开了距离。

除了凡·高，高更还曾与拉瓦尔在马提尼克岛共处，相较于他与凡·高之间的矛盾重重，他与拉瓦尔的合作可谓是亲密无间，原因非常简单，拉瓦尔一开始就甘愿隐藏在高更的光芒之下，从未对高更的艺术主张和地位造成威胁。但凡·高不一样。

凡·高满腔热血、咄咄逼人，而高更态度冰冷、不愿低头。因此，阿尔勒黄房子的"南方画室"注定是一个悲剧。在经历了这样一场失败的实验后，高更有些负气，一心希望逃往一个更遥远的地方，"筛选"若干真正的好友来充当他虔诚的门徒。

12　译者按：保罗·塞律西埃（Paul Sérusier，1863年—1927年），法国后印象派画家、纳比派画家及艺术理论家。

《静物：扇子》
Nature morte à l'éventail
现收藏于法国巴黎奥赛美术馆

与波德莱尔一样，高更非常喜欢收集不同风格的画作（如明信片）。他从这些画作中汲取灵感，并不时临摹借鉴其构图方式。在这幅画中，高更描绘了诸多看似无关的物件，为观者构筑了一间井然有序的纪念馆或私人博物馆。高更常会用作品向自己敬佩的画家致敬，这幅静物画便是对塞尚的致敬之作。

始于明信片
Une affaire de cartes postales

  高更身上的种种，包括他的艺术追求，以及他时而自疑时而自负的心绪，都使他常常处于傲慢的孤独之中。一方面，高更对自己的选择非常坚定，尤其是还有一帮未经世事的年轻人对他的讲演笃信不疑，视之为榜样；另一方面，他声嘶力竭地反对其他流派，包括他急于脱离的印象派及修拉主张的点彩派。

  对高更来说，与世隔绝是最妙的事，因为这样他就可以完全沉溺在他的绘画天职、他为艺术的未来而奋斗的憧憬，以及在绘画史上名垂千古的愿望之中了。高更确信自己的艺术就是未来的发展方向，但他并不像自诩为先锋派艺术家的人那样轻视过去的艺术。换言之，他懂得在追求大胆创新和借鉴过去的艺术结晶之间，保持精确的平衡。高更从不忌讳借鉴从前的名作，经常会汲取其中的精华，并将其化成细节融到自己的作品之中。

高更最初接触到艺术圈是通过阿罗萨的收藏，在进入画家这个行业前，他从未经历过专业的艺术培训，也没有受过严苛的艺术约束（或艺术阉割）。高更习画完全是他一时的决定，是出于他的天性，或者说基于种种际遇和他内心的主张。习画的过程虽然缓慢且艰辛，却为他打下了深厚的精神基础，以至于他精通绘画后，也不会拘泥于过去，作茧自缚。在高更的艺术理念中，视觉感受永远优于艺术知识。他喜欢研究前人的作品，不问它们的出处，尤其关注那些能反映欧洲之外的文明的作品。对他来说，这类作品跨越了时代，承载着一个遥远的世界，具有丰富的文化意义。

　　这就不得不提高更收藏的明信片。无论他去往何处，都会将明信片带在身边。当时明信片上的画作大多出自名家之手，如波提切利、拉斐尔、马奈、皮维·德·夏凡纳等人。此外，

《静物：三只小狗》
Nature morte aux trois petits chiens
现收藏于美国纽约现代艺术博物馆（西蒙·古根海姆夫人基金）

这幅静物画见证了高更画风的真正转变，也体现了其绘画的自由度。高更的优势就在于大胆的创作精神。他并不在意透视效果，更注重"强化绝对装饰性"的前卫理念。由于他常常观摩不同流派的艺术作品，所以他拥有学院派缺乏的包容与自由态度。画中充溢着一股童趣，奇异的场景令人不禁想起儿童故事的世界。

明信片上还有很多不同时代的异域元素，如帕台农神庙的装饰框缘、婆罗浮屠塔，还有古代图腾……在这些明信片上，高更看到了令他景仰万分、堪称典范的美学结晶。

有趣的是，高更一方面立志要超越当代的艺术，展望未来，摈弃当下的艺术精神，但其作品却又彰显着他"拒绝"的文明。事实上，他对当代的艺术成果，以及进入了他想象空间的作品都不乏崇敬之情。

高更不仅喜欢收藏画作，还喜欢对它们进行再加工，或者将其中的元素融入自己的作品。法国哲学家加斯东·巴什拉曾说"诗意诞生于消除影像的过程之中"，而高更无疑想要用画笔将这句话付诸实践。

高更一直在探索"原始"的艺术，但这没有妨碍他对精细艺术的思考。他时常揣摩当下艺术较为完善的方面，同时也会认真思索西方的艺术视角。高更固然很抗拒西方视角的负面影响，但他也不愿抹去西方艺术中美丽、优雅且令人惊叹的光彩。

从某种角度来看，高更十分包容。他喜欢在书信中讨论他深入思考的论题，也很喜欢发表艺术评论。比如，他曾经抱着敏锐的目光和好奇的直觉，对一家他合作过的比利时小报举办的展览发表报刊评论。

在评论中，高更带着新门徒一般的天真语气，点评1884年布鲁塞尔"20人小组"的风采："让我们进入'自由美学'画展吧。首先，不如从贝斯纳尔、雷诺阿开始。贝斯纳尔如糖一般甜美，在哪里都会崭露头角；老雷诺阿则让我们隐约想起才华横溢的小雷诺阿。除了这两位画家，还有莫奈眼中印象派的佼佼者——西斯莱。当然，也少不了前辈毕沙罗，他忘我地投身于艺术创作之中。毕沙罗笔下的农妇有种踌躇不定的感觉，与米勒和修拉相比，他更喜欢画寡妇（尤

高更的故事

《餐食》，又名《香蕉》
Le Repas ou Les Bananes
现收藏于法国巴黎奥赛美术馆

这幅画中元素有些不同寻常，很多评论家都曾竭力想要揭示这幅画的象征意义，但我们有充分的理由相信高更的初衷只是想创作一幅装饰主义风格的作品。只不过画中晦暗的阴影以及沉寂的气氛散发出一种奇怪的意味，时间仿佛停滞或冻结了。这种风格后来被基里科[13]的形而上学画派发扬光大。

其是擅长编织的寡妇）。令我感到宽慰的是，私人画家贝尔特·莫里索的模样仍然俊美。此外，还有托洛普，一个行者，他走遍了埃及、日本和法国。不过我要提醒他，契马布埃不是埃及人，而是意大利人。托洛普在绘画和用色上有着过人的才华，哪怕是简单的一幅小画也能勾起观者全部的兴趣。"

"我在一间展厅里仔细观摩丹尼斯送来的作品。在古诺德去世后，丹尼斯成了一名引领潮流的画家。然而，我在他身上真的没看到什么个性。他笔下裸体的妻子并不是圣人，为什么还要仿照意大利先人画那样的景物作为背景呢？伯纳德的静物画中两侧各有一个水罐，这实在算不上有品位吧？"

"至于奥迪隆·雷东，我们始终不愿去正视这位天才画家。究竟到什么时候，我们才能公正地看待他呢？也许要等到所有模仿他的人都登上宝座之后吧。比利时就喜欢纠结一些无关紧要的问题……只有西涅克能够至今屹立不倒，但他的脚下可悲地拖着铁球……人们在他的展品前悲哀地笑了。"

"最后一个展厅就像是一间小教堂，是专门为高管要员准备的——我这么说，是因为皮维·德·夏凡纳忙着同亨利·勒罗尔握手，尤金·卡里尔忙着同克诺夫和索洛握手……克诺夫喜欢将角色整齐地排布在画布上，这是一种睿智的画法；勒罗尔的画则有点卖弄风骚的意思，我看不懂，也学不来。看得出来他很崇拜卡里尔，他是对的。我也敬仰卡里尔，借此机会我要说，我对卡里尔的崇敬毫无保留。许多人都是从擦画法开始模仿他的：在一幅气氛氤氲的油画里，色彩若隐若现，精雕细琢的细节浮出水面。总之，我很高兴自己参观了荷兰博物馆，并借此机会知道了卡里尔这位法国大师。"

13 译者按：乔治·德·基里科（Giorgio de Chirico，1888年—1978年），希腊裔意大利人，形而上学画派的创始人之一。

高更的故事

《国王之妻》
La Femme du roi (Te arii vahine)
现收藏于俄罗斯莫斯科普希金博物馆

鉴于画中人物的姿势慵懒且极富挑逗意味，再加上高更长久以来对马奈的钦佩，我们不妨像支持印象派的作家勒克莱尔克一样，将这幅作品称为"黑人版奥林匹亚"。除了马奈的《奥林匹亚》，这幅画无疑也受到了克拉纳赫的作品《休息的黛安娜》的启发。此外，该作品明显与婆罗浮屠塔的浅浮雕也有不谋而合之处。1899 年，高更还将这幅画翻印成了版画。

奥林匹亚与回归

Olympia et retour

马奈名作《奥林匹亚》中露骨的女性形象如同烙铁一般，为艺术打上了一个印记，艺术自此进入了一个属于神话的时代，一个虚伪的东方主义的时代，一个女奴（或娼妓）市场的时代。画中的奥林匹亚像是一个在等待嫖客的妓女。她是一个放荡的女人，袒露着不那么完美的裸体，流露出挑衅的态度及一览无余的欲望。高更在临摹这幅作品的时候体会到了这个时代绘画的真相，其中最重要的就是：现实主义的发展趋势非常坚定，它带着极致的神秘感和坚不可摧的榜样力量，成了艺术的尖端。

每个时代都有那个时代的偶像和潮流。画家以此为参照，一方面是有例可依，另一方面也可以衡量自己距离成功还有多远。不过，想要超越既成的标准，就必须学会对既有的画作进行拆分和重组，重新定义绘画的含义，赋予其全新的视角。

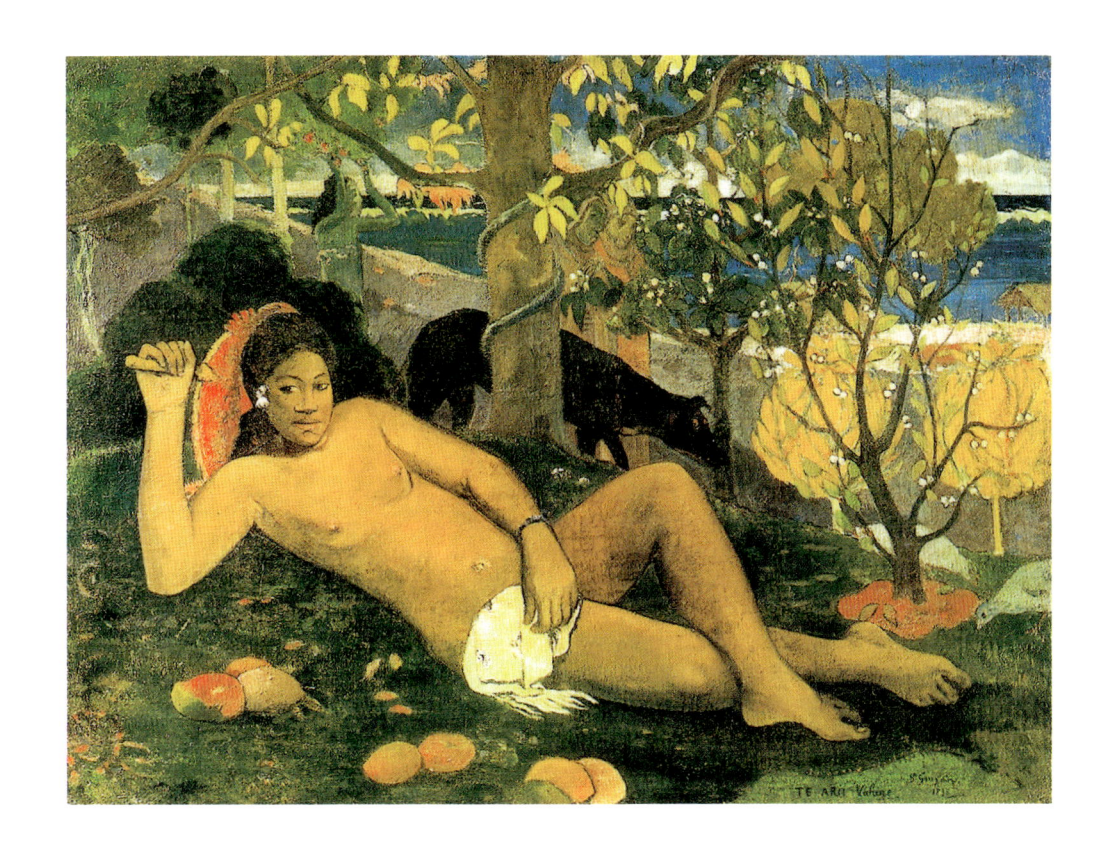

可以说，19世纪末的绘画和裸体之间的关系是最为复杂、最不可言说，也最令人困惑的，甚至于有些哄骗公众的意思——也难怪，公众喜欢把真相当冒犯，把欺骗当审慎（卡巴内尔眼中的《维纳斯》）。

　　然而，在高更眼中，裸体并非是对极度虚伪的资产阶级社会的挑衅，而是回归本真的生活方式。只不过这一点被世人遗忘了。

　　在遥远的岛屿，传说中的女妖晃动着臀部和灵活的胯骨，她们伏在景色宜人的海港边，皮肤晒成了古铜色。她们骄傲地将大地的果实扛在肩上。这样的场景极富文学意味。众所周知，洛蒂对神话题材的文学创作起到了重大的影响，其实高更也一样，只不过他不久就清楚地意识到了神话文学的局限性，也开始警惕神话文学的陷阱。他甚至认为，文学始终脱离不开条条框

高更的故事

《美妙的水》
L'Eau délicieuse (Te pape nave nave)
现收藏于美国华盛顿国家美术馆（保罗·梅隆夫妇藏品）

框，而这正是他所抗拒的。高更本人创作的文学作品往往也包含着暧昧的性意味，这在他的一些选段中非常明显，如他的自传性作品《诺阿-诺阿》。

  在高更的笔下，象征着占有和统治的性是不存在的。高更的性在于与周围环境本质上的和谐，消除一切的偏离、一切人类的贪婪、一切虚伪和道德的借口。换言之，性是崇高的，是神圣的。以此类推，裸体也是神圣的，它胜过一切，因为它代表生活的真相。高更相信，原始主义的真谛便是把目光转回失落的伊甸园。

奥林匹亚与回归

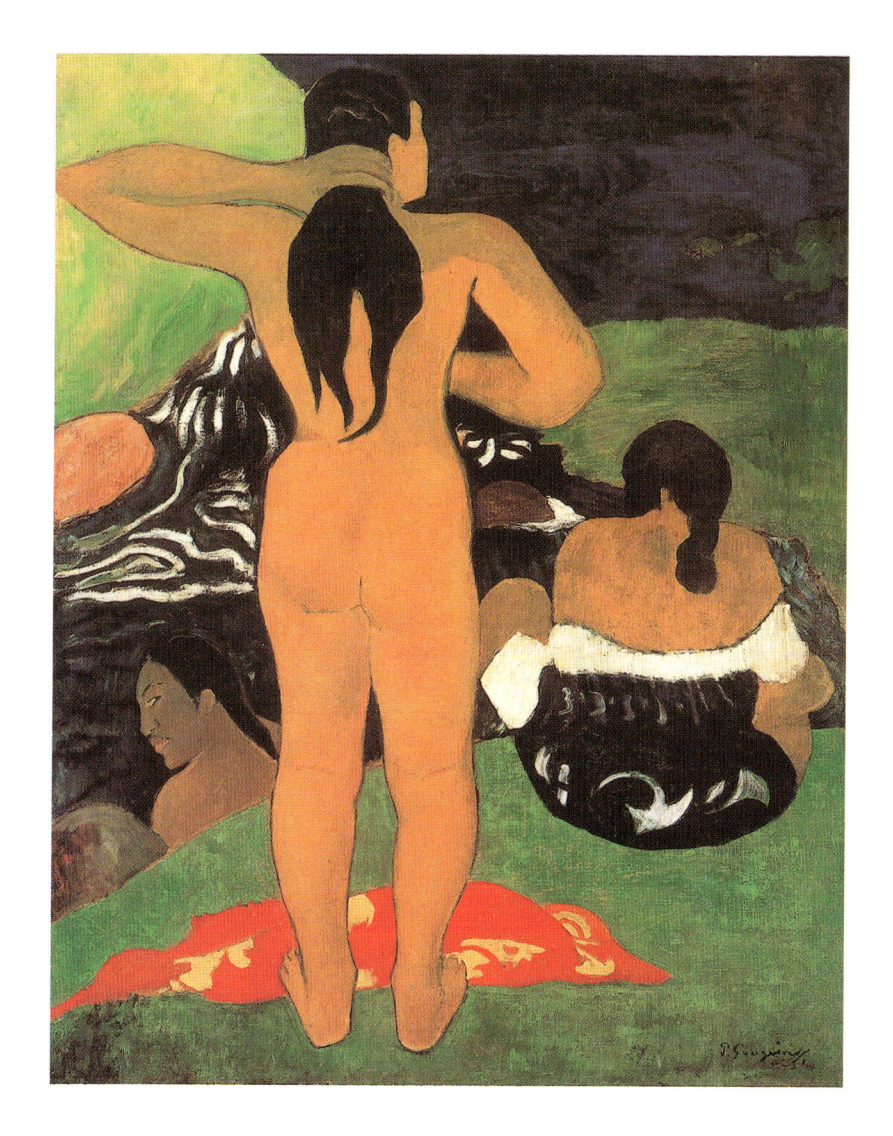

《海滩上的大溪地女人》
Tahitiennes sur la plage
现收藏于美国纽约大都会艺术博物馆（罗伯特·雷曼藏品）

高更尤其令人钦佩的一点，就是他知道如何挖掘大溪地女人肉体之美的精髓。只有他能画出她们宽大的骨架和宁静的内心。高更曾经对妻子梅特坚定地说道："我对后期的作品非常满意。我觉得自己开始拥有大洋洲的个性，并且我可以保证，我在这里完成的事情没有任何人做过。没有任何一个法国画家了解这一切。"此外，他还对妻子解释道："我整个人都投入了创作。现在我了解土壤，了解土壤的气味。我不会以别人惯用的手法来描绘大溪地人。在我的笔下，他们有点像毛利人，但绝不像巴蒂尼奥勒式的东方人。"

高更的故事

《美丽的安吉尔》
La Belle Angèle
现收藏于法国巴黎奥赛美术馆

这幅肖像是高更受人委托创作的，不过模特并不喜欢这幅画。高更把人物的脸放在圆圈里，与背景隔离开来，这样的处理手法在绘画上很独特，或者说很少见。该画法源自当时的通俗小说插画，用于在杂乱的文字中凸显重要的场景。在画中，高更一如既往地将自己制作的陶器及花卉墙纸置于背景之中，作为点缀，塑造出了一个令人心向神往的场景。

幻灭的命运

Un destin ravageur

谈到高更就难免就要谈到"创作利己主义残酷的合法性"。这个概念指的是，艺术把艺术家单独隔离开来，使他们脱离社会和家庭的范畴，把他们限定在不得不持续创作的状态里。

有一些画家，他们就好像绘画机器一样，从家庭中抽离，一头扎在创作里，抱着一种近乎绝望的努力持续不懈地思索主题——高更本人就是这种状态的完美诠释。但其实这样的状态在艺术世界中是相当罕见的，因为一般而言，艺术家通常可以毫不违和地融入社会，过上正常的生活。实际上，大多数画家在创作的同时并没有割断生活的缆绳。

这种画家之间差异让我们看到了一种高尚的理念，即人是可以胜任自己的使命的。人在完成使命的时候近乎英雄，与圣人无异，无惧困难、惩罚和艰险，勇于为后人树立榜样。高更就是如此，他是自己的主宰者、命运的主宰者，也是艺术的主宰者。

这让人不禁联想到了塞尚、凡·高，他们都有着不惜牺牲、倾尽一切的精神。为了艺术，塞尚毅然放弃了自己的资产阶级生活，希望能成为一名"匠人"；凡·高陷入了可怖的孤独。而高更兼具了两者的勇气，他既牺牲了自己的家庭和家人的爱，也敢于迎接几乎将他杀死的孤独。

高更的故事

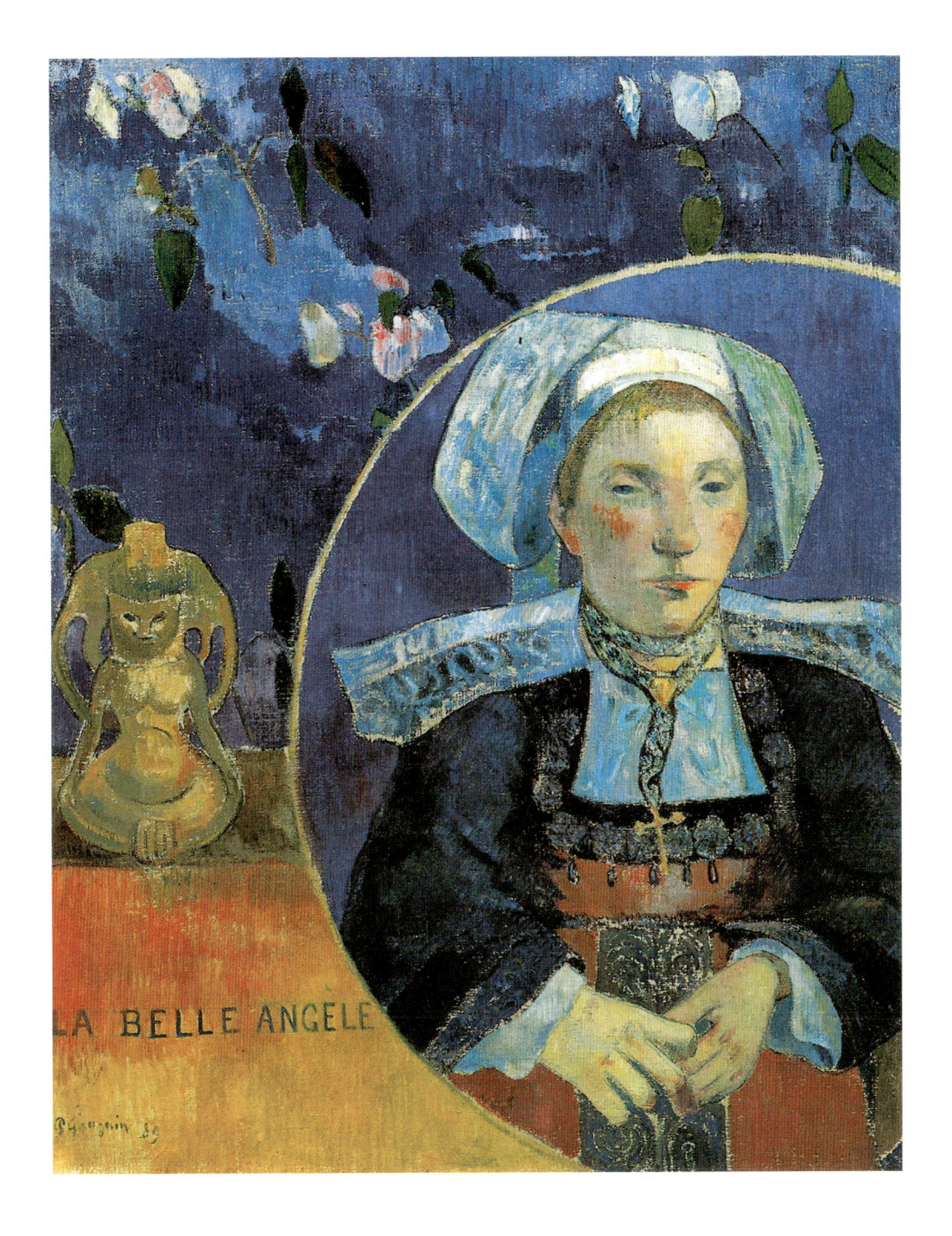

《野人面具》
Masque de sauvage
现收藏于法国巴黎奥赛美术馆

高更在一段自述中说道，这幅作品印证了他一直都在表达的愿望，那就是进入原始野蛮的状态。这个面具不是一张理想化的脸，而是完全按照高更自己的相貌刻画的。对高更而言，制作面具就像是在重塑自己，或者说通过重塑来满足自己的愿望。自古至今，面具都是庆典仪式中必不可少的元素；而在高更着迷的异域文化中，面具也频频出现。高更创作的面具没有任何实用价值，却有些许"死亡面具"[14]的意味。

《大溪地岛的头像》
Tête de Tahitienne
现收藏于法国巴黎奥赛美术馆

大溪地岛为高更提供了无数的灵感。在这里，高更小心翼翼地雕刻出了一个大溪地岛人的面孔，人物的头发上还戴着一朵花，这种形象也经常会出现高更的绘画作品中。头像的风格极为粗犷，这种由内而外、从材料到题材的粗糙，恰好与高更的艺术追求不谋而合，即追寻万物的原始来源。

高更甘愿为艺术倾尽一切，这也是为什么他在面对艺术界时态度有些飘摇不定：有时，他身边聚集了不少恭维他的信徒；有时，他又深深地感到自己需要独处。高更被这两股力量撕扯着：生而为人，他是脆弱的；然而，他蓬勃的野心又迫使他超越人性的弱点。他的自私是用来保护自己的武器。

幻灭的命运

《凡·高在画向日葵》
Van Gogh peignant Les Tournesols
现收藏于荷兰阿姆斯特丹的凡·高博物馆

关于这幅画，凡·高曾在给弟弟提奥的信中评论道："这的确是我，是我灵感迸发时的状态。"但他还是对高更眼中的自己很不满意，他写道："这是我，没错，只不过是一个发疯的我。"这幅画应该是在凡·高早期出现疯癫的症状时所画的。事实上，凡·高的疯症后来促使高更离开，这次分别也标志着两人合作"南方画室"的创想的失败。高更后来的"热带画室"也延续了这一悲剧，只不过高更早已预料到了自己的悲惨命运。

14　译者按：死亡面具（masque mortuaire），是以石膏或蜡将死者的容貌保存下来的塑像。

高更的故事

《帕皮提的小路》
Chemin, Papeete
现收藏于美国托莱多艺术博物馆（爱德华·德拉蒙德·利比捐赠）

> 该画描绘了帕皮提（大溪地岛西北岸）风景旖丽的小路。与他在马提尼克岛创作的《热带植物》（参见第69页）一样，这幅画同样采用了竖构图，以凸显该地区的地质特征、连绵不绝的山峰及乌云层叠的天空，营造出气势宏伟的效果。据推测，画中的房子很可能就是高更与蒂哈阿玛拉的住处，小路上的人物应该就是蒂哈阿玛拉。

在大溪地岛的修行

La recherche de Cythère

如果我们仔细观察，就会发现高更的每一幅作品都是一张大溪地岛的地图。在那个年代，这个神秘之地的处境有些尴尬，它常常不得不披上各式外衣，装扮成不同的模样，以迎合人们的期待，适应不同流派的审美。19世纪末，在严重东方化的文学（以皮埃尔·洛蒂为代表）和殖民战争史诗的背景下，大溪地岛被赋予了神秘且感性的东方色彩。值得注意的是，在前往大溪地岛之前，高更最初的目的地是马达加斯加或东京，后来才出于种种实际原因，被迫放弃原计划，改变旅行目的地。

大溪地岛之行虽然是偶然，但又是一个必然的选择。据高更本人所说，只有在大溪地岛，他才能找到他一直在苦苦追寻的原始野蛮的根源所在。他认为，东方主义虽然改良了习俗，却也破坏了原汁原味的朴素传统，只是呈现了西方视野下的东方。

高更的故事

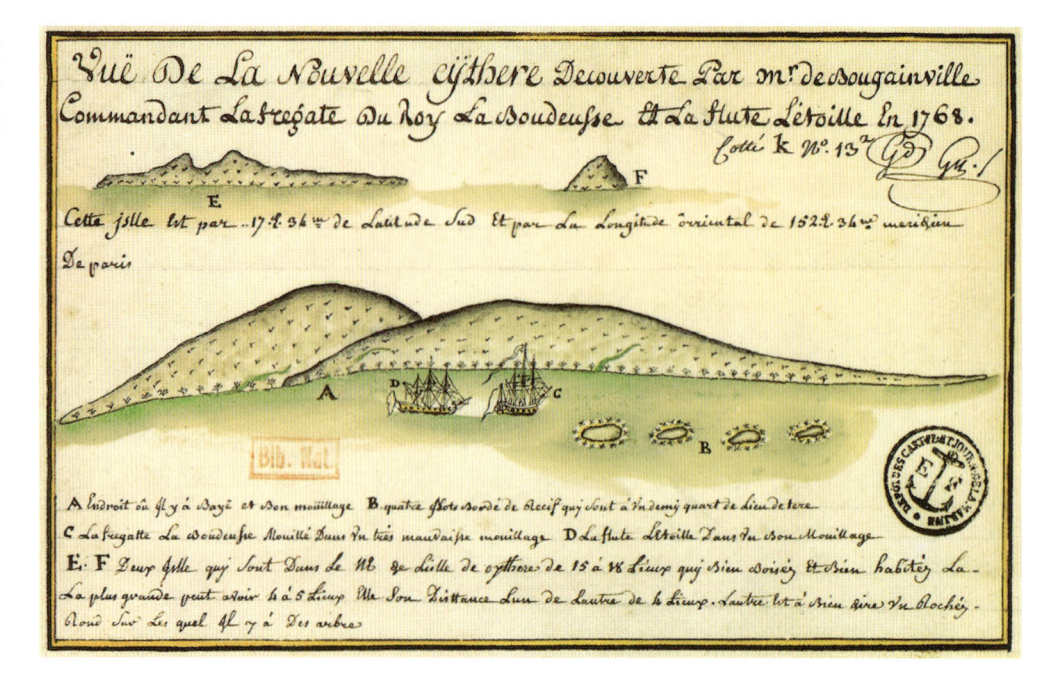

《新基西拉岛景观图》
Vue de la Nouvelle Cythère
私人收藏

1768年4月6日,布干维尔发现了新基西拉岛(即大溪地岛),并在《航海日志》中热情洋溢地赞美这片土地,他说:"大溪地岛气候温和、风景秀丽、土壤肥沃,到处都是河流和小溪,空气清新纯净。这里即使有大量昆虫,也无法影响空气的纯净度——昆虫是热带国家的祸害,不过这也营造出了快乐的氛围。所以,我把这里命名为新基西拉岛。"

  东方主义令最初的朴实兴味全无。高更希望到一个未经污染的国度找寻绘画的真谛。大溪地岛是幸福之岛,但同时也是一个复杂的综合体:一方面,它代表着寻欢作乐的场所;另一方面,它带有一种挥之不去的忧郁气息。这与高更本人的忧郁气质十分相似,其忧郁在于他本身那股坚实的内在力量,还有他对神圣价值观近乎本能的意识——人类内心希望借助神力来逃离平庸的生存状况和恐怖的命运,而高更则希望用内心平和安详的快乐来取代对死后上天堂的愚蠢期望。于是,高更看到了风景和人物背后隐藏的忧患,从大溪地岛提炼出了庄严宁静的画面。死亡的阴影悄悄闪现,大溪地岛永远笼罩在暮光下。

在大溪地岛的修行

《美妙的大地》版画
Terre délicieuse
现收藏于法国格勒诺布尔绘画和雕塑博物馆

夏娃的形象一直萦绕在高更的脑海中。高更以自己的巨作《美妙的大地》(参见第123页)为灵感,创作了一系列木刻版画。在这些版画中,他大胆实验,尝试了多种不同的印刻手法,以表达对主题的不同解读。此处展示的正是其中之一,画中的女性人物与周围的风景形成了一种有趣的互动,人物被紧紧地包裹在风景中繁茂的热带元素之中,呈现出了皮影戏一般的奇妙效果。

高更的故事

《斯特芳·马拉美的肖像》
Portrait de Stéphane Mallarmé
现收藏于法国巴黎艺术与考古图书馆（雅克·杜斯特基金会藏品）

马拉美这样阐述绘画的标准："要暗示，不要直接说出来。"这也是为什么高更的作品能吸引到马拉美。高更从来不纠结于如何达到表面的"形似"，相反，他会从景物中引申出各种奇思妙想，就像诗人捕捉事物的精髓一样。两人的不同之处在于，马拉美是语言的大师，懂得深入语言的最深层，将语言从日常的使用中解脱出来；而高更则希望可以将思想以通俗易懂的方式呈现在世人面前。

马拉美及其他人的"终局" [15]
Mallarmé et les autres Fin de partie

尽管表面上，高更被个别追随者奉为"精神领袖"，但实际上他只是一个被边缘化的画家，不仅无家可归，同行对他的态度也很冷漠。在高更的艺术生涯中，阿旺桥是最无法磨灭的记忆。那时的他刚刚开启艺术征程，前途未卜，对他来说，明天意味着动荡，意味着痛苦的考验。可以说，他无时无刻不在忍受创作之火的煎熬。

尽管高更出生于巴黎，但他却没有任何归属感，一点也不喜欢这座城市，因为这座城市对他太残忍了。作为回应，这个"印第安人"只能粗鲁地表达自己对巴黎的憎恶，他装疯卖傻、故意搞乱、激怒身边的一切。他很清楚自己在做什么，却以此为傲。正是在这样的背景下，高更创作出了《自画像：悲惨世界》（参见第 20 页），献给凡·高。在画中，高更打扮成了小说《悲惨世界》的主人公冉·阿让的样子。有人觉得，这是画家之间的挑衅，其实不然，高更知道凡·高十分欣赏雨果的作品，所以通过认同这位广受欢迎的作家向凡·高伸出友爱之手——凡·高一直怀着悲悯的、绝无仅有的热情呼唤他。同时，这也意味着高更始终在坚持自己的理念，毫不畏惧点燃对方的敌对情绪。

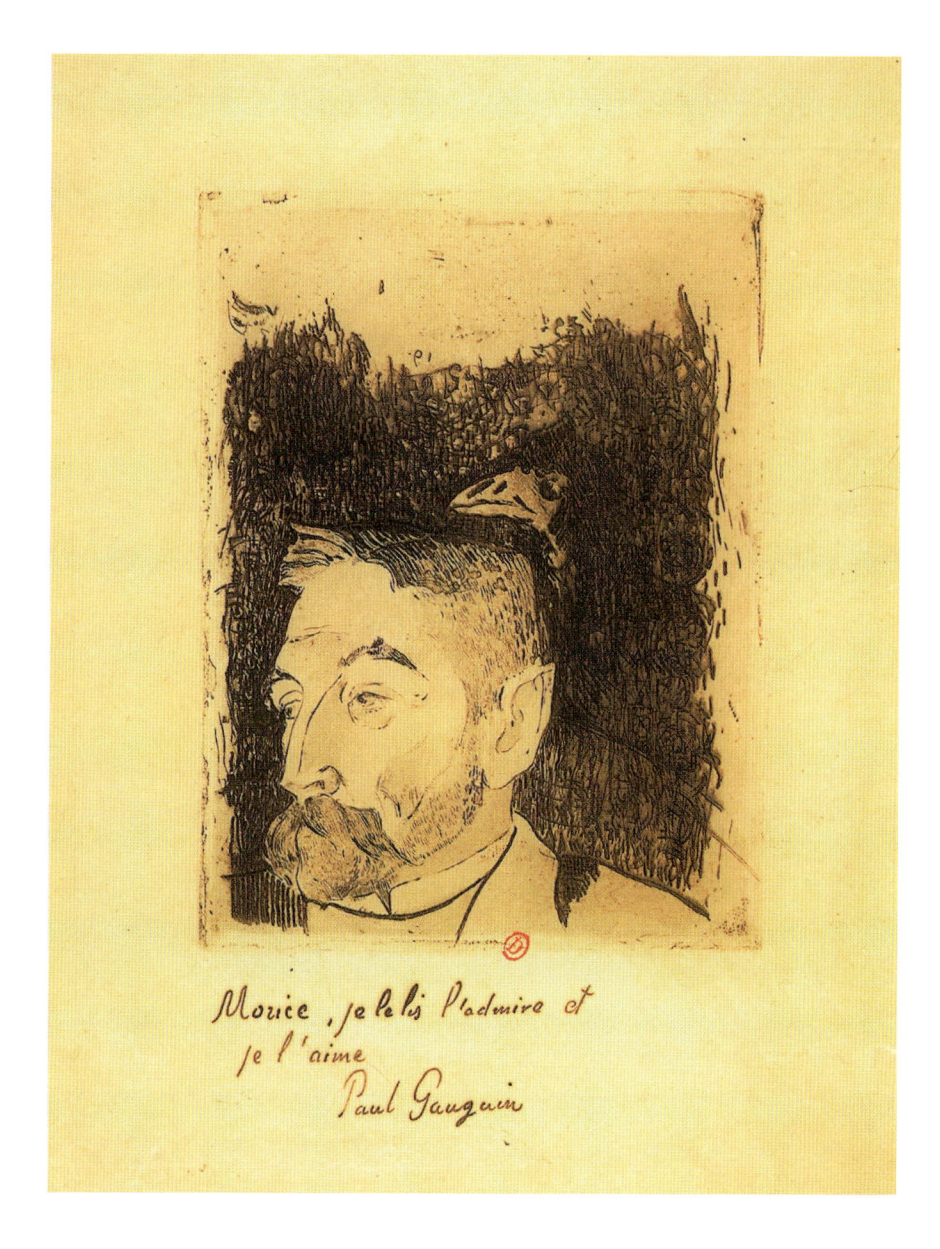

> Mouice, je te lis l'admire et
> je l'aime
> Paul Gauguin

15　译者按:"终局"(Fin de partie)一词源自同名荒诞剧。该剧的作者是 20 世纪重要的荒诞派作家塞缪尔·贝克特,讲述了四个奇怪的人之间发生的故事:坐在轮椅上、无法站立的哈姆,侍立一旁、跛足的仆人克劳夫,以及住在垃圾筒里、双腿皆无的哈姆的双亲纳格和耐尔,他们相互依赖,却又彼此厌弃,在荒原般的世界里喋喋不休。

高更的故事

高更也会在画作中引用典故，如《高更的自画像》（1890 年，参见第 21 页）。该画引用了《圣经》中的典故：蛇令人想起最初堕落的欲念，圣像的光环则凸显了戴着面具的突兀的人头。在这幅画中，高更这个"印第安人"看起来就像是一尊神像。渐渐地，高更赢得了一小部分人的敬畏和赞扬，这些人认为高更改变了他们的艺术观念，并引领他们真正走进了艺术。时至今日，人们都认可，高更是一位伟大的思想家。

除了作画，高更还会满腔热情地组织展览，因为展览可以为他的远行带来必要的物资支持，让他可以奔赴遥远且充满希望的远方。他的效率出奇的高：售画、展出、宣传……不得不说，他自己有一套现代的销售套路。

从某种角度来说，作家与高更殊途同归。而高更则是这群语言大师追逐的对象。象征主义诗人需要这样一名画家，在自己的画布上用独有的方式来表现象征主义追求的方向，如同揭开一尊神像的正面，令其荣光能被世人尽览。

象征主义绘画的历程与文学非常接近。象征主义文学是围绕魏尔伦和马拉美等几位文学泰斗而展开的。这两人，一个文风优雅，时而调皮，时而梦幻，时而忧郁；另一个则用"疯言疯语"来阐释智慧的真谛。不过，诗人感性的呢喃很少引发高更的共鸣。高更对文学保留纯粹个人的看法，他仅将文学看作一种消遣的方式。

高更隐居到天涯海角，留下了一个孤独的天才的背影。他决心逃离欧洲，便开始谋划一场真正的"诱惑"行动。当高更被奥立叶誉为象征主义大师之后，他便计划通过查理·莫里斯及马拉美，结识一个在传媒界具有话语权的人——那就是可以让人一夜成名，也可以让人声誉毁于一旦的奥克塔夫·米尔博。最终，米尔博，这位伟大的记者被高更的作品打动，或者更准确地说被高更的个性和他逃往远方的梦想吸引，于是他决定为高更争取一切的可能性。米尔博就像是一个赌徒，他的看法也许有激进之处，但他很清楚人要敢于对未来押注。不得不说，他有着非常人的魄力，他为高更奔走，支持他，歌颂他，即便高更无论是作品，还是创作方式都饱受争议（哪怕是在艺术运动风起云涌、充斥着矛盾和冲动的巴黎）。在巴黎这个艺术的漩涡中心，高更划动船桨，乘风破浪……

马拉美及其他人的"终局"

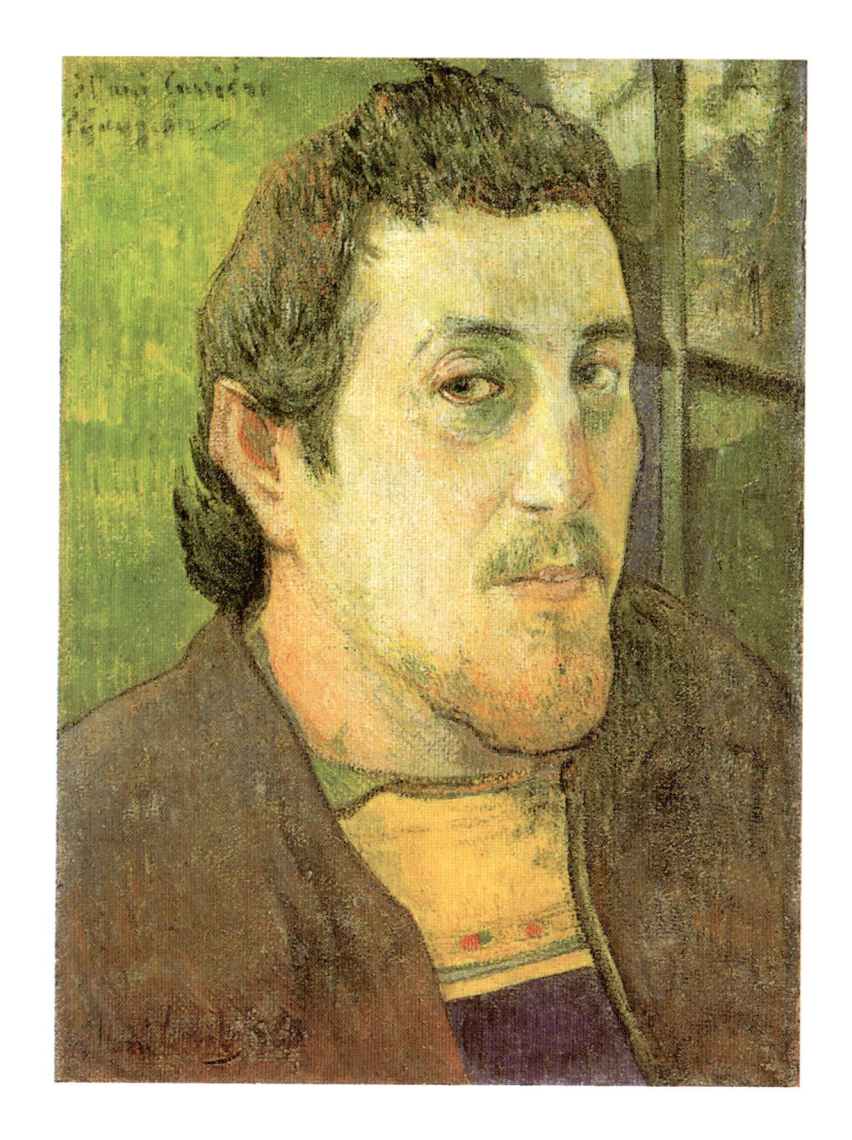

《献给朋友卡里尔的自画像》
Autoportrait à l'ami Carrière
现收藏于美国华盛顿国家美术馆（保罗·梅隆夫妇藏品）

作为当时象征主义作家追捧的对象，高更与象征主义画家尤金·卡里尔联系密切。两人都是"伏尔泰咖啡馆"的常客，这里常常举办艺术研讨会。高更就只在这些研讨会上结识魏尔伦、马拉美、查理·莫里斯（高更早期的支持者）等人的。这幅自画像起初是画给拉瓦尔的，后来，高更改变了主意，重新修改后将这幅画送给了卡里尔。画中的高更看起来神情放松、有点狡黠。然而，卡里尔对这幅画的评价却不是很正面，他说画里的人看起来很苦涩，而且觉得整幅画好像尚未完成。

《白马》
Le Cheval blanc
现收藏于法国巴黎奥赛美术馆

高更原本打算把这幅画送给一名他很感激的药剂师，但药剂师以世上没有绿色的马为由婉拒了他。一名未经训练的业余画家，面对所谓的"不可能存在之物"时该如何取舍抉择，是阿旺桥带给高更的思考。这一点也体现在了塞律西埃的名作《护身符》之中。

逃逸、死亡、流离、回归故乡，英雄情结
La fuite, la mort, l'exil - Retour au pays natal - Le complexe d'Ulysse

逃到那里去吧！怎么逃呢，坐船去。每一名冒险爱好者都愿意把自己献给广阔的大海，无论是用告别的手势向大海致敬的库尔贝、情感激烈的洛特雷阿蒙，还是思想如同钻石般闪耀的瓦莱里……每个人身上都掩藏着一份英雄情结。

和马奈一样，高更也曾投身于航海业，经历惊险刺激的航行。那时的他还只是一个迷茫、纠结的少年。但是，在他成为画家之后，他动荡无常的人生经历和流离途中的画面都成了他创作的素材。

因为大海，他才发现了新的国度、新的光明，还有其他文明。

因为大海，他才能离开，逃离这个他厌恶的社会，以及这里的氛围和俗事。

因为大海，他回到了自己的"故乡"，他得以在祖先生活的秘鲁重新满怀悸动地拥抱生命。

高更的故事

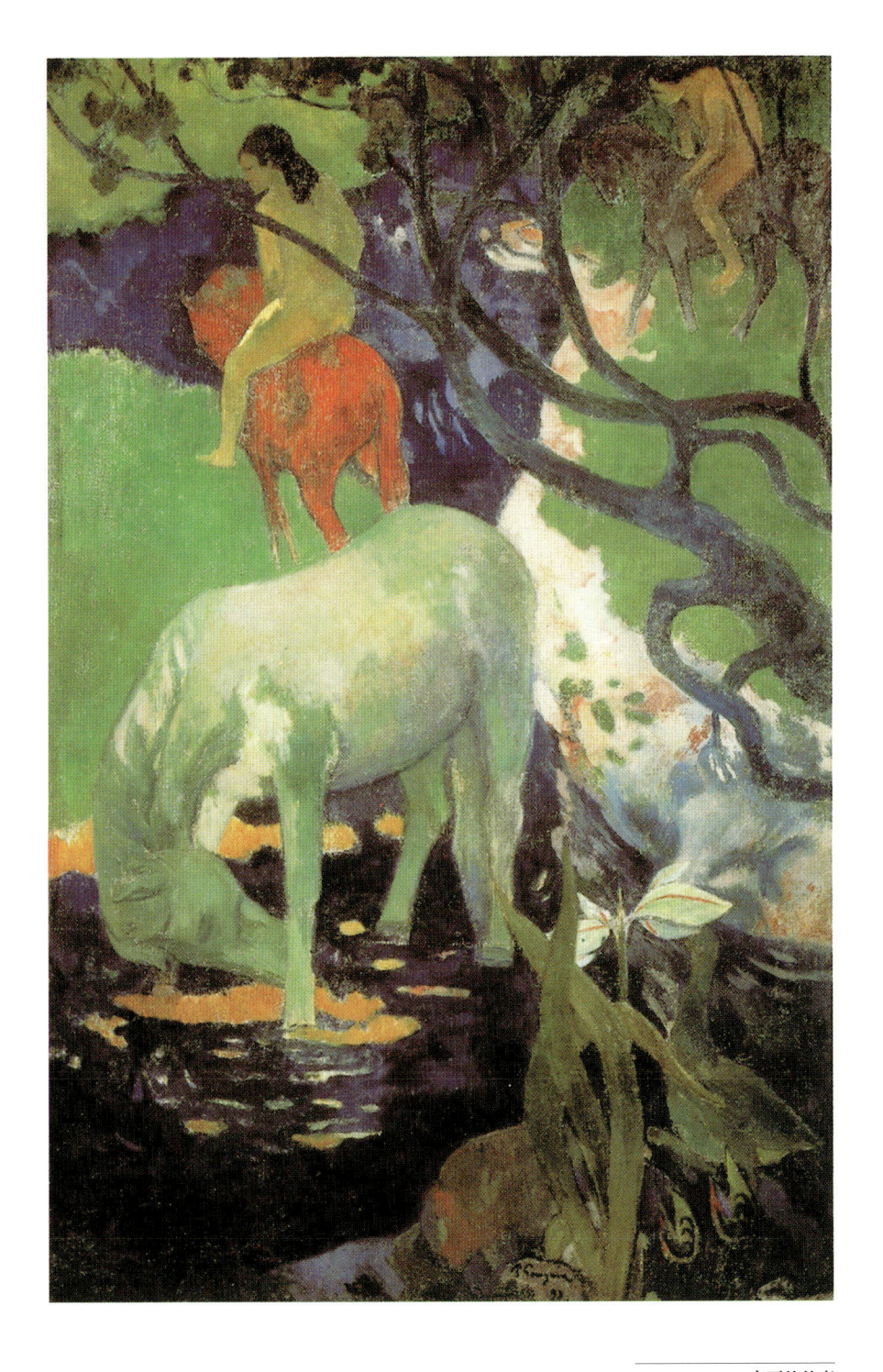

《捞海带的女人》
Les Ramasseuses de varech
现收藏于德国埃森的富克旺根博物馆

高更向凡·高介绍这幅作品时这样解说道："画中的女子就像层层隔开、井井有条地摆放好的盒子。严寒难耐，但她们还是穿着蓝色的衣裳，裹着黑头巾……我每天都会看到这样的场景，我能感受到这群女子的热忱、奋斗、悲伤以及对不幸的屈服。我想把她们的这份热忱画进自己的画里。我的画绝非漫无章法，一切都事出有因。我不仅故意夸大了她们粗鲁的姿势，还对个别颜色进行了加深处理……这些手法可能有点矫饰之嫌，但在这幅画中却显得颇为自然。"

    高更内心涌动着英雄情结。他在波浪中奔腾，慢慢体会其中的喜怒哀乐；他在海浪中成长，跟随着翻涌的浪潮奔赴新的地带。高更暗下决心，要逃到更远的地方，奔向大溪地岛，奔向绝望的死亡。

    我们始终希望能结合画家的生活背景、人生经历及家庭出身（孕育了一个人对这个世界的初印象）来看待艺术作品，因为这些"人生痕迹"对高更产生了非常重要的影响。通过这些信息，我们可以追溯他为何如此敏感，以及他的艺术品位是如何形成的。尽管高更出生于在巴黎，但他印象最深刻的还是在秘鲁度过的童年时光。秘鲁在幼小的高更心中播下了惆怅的种子，也改变了他后来的人生选择。

    这引发了一个新的问题，究竟何为"故乡"，是"我们的出生地"，还是"我们内心依恋的地方"？我们难道不应该属于我们古老的血统（家谱）和灵魂（思乡情）归属的国度吗？从某种角度来看，每个人的一生都是一场回乡寻梦之旅。我们一步步踏过祖先的血铺砌的阶梯，

逃逸、死亡、流离、回归故乡，英雄情结

感受到身体里最初的灵魂正在尝试拥抱生命，正浸润在一种妙不可言的氛围之中。我们虽未生于此，却因为祖先对这里产生了最强烈、最深刻的思乡之情。当我们走进自己的内心时，我们会在潜意识中发现我们正在一个自己"承认"的故乡醒来。所谓追根溯源，无非是不得不去实现的重逢罢了。

　　高更也不例外。在经历了居无定所、四处流浪、身体的不安及思想的发狂之后，他终于找到了自己灵魂启程的地方，并与这个所谓的"故乡"产生了长久的共鸣。他对这片土地有似曾相识之感，脑海中涌现出了神话般的过去。

　　在高更选择"逃离"这件事上，马拉美看到了他渴望"走向远方，走向自己"的希冀。高更内心的渴望说明了这个逃离不仅是地理上的，还是心理上的，代表了他对肤浅、令人窒息的社交游戏的厌倦，以及他对艺术圈子的厌倦。于是，他选择独自一人抽身离开，哪怕只是短暂地回归"故乡"……

高更的故事

《沐浴的女人》
Baigneuses
现收藏于美国华盛顿国家美术馆（山姆·A. 莱维森捐赠）

这幅作品构图的复杂程度丝毫不逊于高更的名画《我们从哪里来？我们是谁？我们到哪里去？》（参见第 159 页）。整幅画让人不禁联想到水的忧愁。在水里，植物淡淡的香气与身体温暖的气息交织在一起，这不就是永恒的纯真吗？在高更笔下，大溪地岛成了"失落的天堂"和"动人的世外桃源"，这与波德莱尔的诗歌不谋而合。高更采用了常见的主题——沐浴者，从塞尚、雷诺阿到修拉，不少画家都描绘过这一主题，不同之处在于，高更在这幅画中带入了挽歌和乌托邦的愿景。

波德莱尔的范例

L'exemple de Baudelaire

加斯东·巴什拉曾说："诗意诞生于消除影像的过程之中。"当巴什拉还是个孩子的时候，他的世界里就充斥着各式各样的图画，这些图画一直存留着在他的脑海中，并经过记忆的不断修改和压缩，最后融入他的作品。

如此鞭辟入里的论述，源于细致的观察和天马行空的想象。创作，是敏感和偶然、激烈和虚拟的结合。因此，绘画不在于表现所见的事物，而在于对场景进行雕琢，兼顾画家本人和绘画题材的风格，创作出一幅完整的作品。至于究竟如何处理真实的景物，就要看每个画家的个人风格了。而高更反感印象派的一点就是他们太注重风景本身的还原度，只是把景物原原本本地照搬到画布上。对高更而言，景物只是素材，最终目的是创作出属于自己的色彩乐章。他喜欢对记忆和创意进行异想天开的处理和加工，赋予题材新的含义。

波德莱尔的范例

说到这就不得不提高更的名作《布道后的幻象》（参见第49页），这幅画异彩纷呈，显然对高更而言，映射出思想（梦境）远远要比简单地呈现真实场景来得重要。现实需要被转写、被风格化。在创作时，高更通常会听凭自己的内心对现实场景进行"任性"的改写，创造出和他个人风格相吻合的画面。简单来说，整个创作过程宛如在制造幻象。正是这种现实主义与想象力之间的对抗，为高更铺就了通往再创造的世界的奇路。

　　尽管高更的作品称不上写实，但每一幅作品都源自现实生活，都是围绕着日常生活的点点滴滴、他有幸见过的风景及其周遭际遇来创作的。可见，高更的画是偶然与必然的结合。

　　随着时间的推移，高更越来越清楚自己未来的方向。其作品一方面不停地向他追求的方向靠近，另一方面也反映出他人生的不同境况。高更似乎永远在追求安定，追求社会和家庭层面的和谐，然而这一切都没有实现，他总是在失败中徘徊。从某种意义上说，这就是高更的"劫"。

高更的故事

《集市》
Le Marché
现收藏于瑞士巴塞尔艺术博物馆

关于这幅作品后人有不同的理解,有些人看到的是集市,有些人看到的是一排在等待顾客的妓女。画中对人物的精心排布和细致入微的描绘,都似乎映射出埃及壁画的影子。高更在绘画创作中经常会援引过去的图像资料、参考文献和他广泛涉猎的艺术史知识,他十分擅长赋予它们全新的、大胆的转义。整幅画透露出典型的大溪地气息,而这种原始的气息也是高更一生的追求。

《孔雀风景图》
Le Paysage aux paons
现收藏于俄罗斯莫斯科普希金博物馆

在华美且开阔的风景中隐藏着一个质朴的大溪地小伙子,他正在挥舞着斧头,令人不禁联想到高更的另一幅作品《拿斧头的人》(1891年)。画中人物的原型应该是曾带领高更在森林里寻找稀有树种(适合雕刻的木材)的约特法。高更对约特法抱有一种不安的、难以言喻的欲望,他在给朋友孟佛瑞德的一封信中表达了自己对"天堂"的想念,他写道:"在亚当与夏娃分离之前,既是男,也是女。"高更的笔记中也出现了类似的评论,他曾写道:"在蛮荒世界中,雌雄同体;动物身上的性别差异非常小。两性之间袒露相对、无拘无束,这才是是真正的纯洁。"此外,高更还指出,野蛮人对罪恶一无所知的纯真,让他最终"渴望短暂地成为一个脆弱的女人……"

波德莱尔的范例

高更的故事

《蒂哈阿玛拉有很多亲戚》
Teha'amana a de nombreux parents
现收藏于美国芝加哥艺术学院（查尔斯·德林·麦考密克夫妇捐赠）

这幅作品是在高更离开大溪地岛之前创作的，它代表了两种文明在高更身上的融合。一种是开化的西方文明，具体体现在蒂哈阿玛拉（当时高更的伴侣）的服装上；另一种则是高更从皮埃尔·洛蒂的著作和阿罗萨的藏品中感受到的神秘东方文明。画中的蒂哈阿玛拉有着安静的美貌和豁达的气质，可以看出高更对她的爱（高更视她如母亲）。此外，画作的背景中还有许多不明出处的字符，很可能是从蒂哈阿玛拉那学来的某种遗失文明的文字。

契合的游戏

Le jeu des correspondances

　　说起来有些奇怪，高更虽不喜欢人们对他的画作评头论足（譬如他就曾对若利斯·卡尔·于斯曼表示不满），但他自己倒是很乐于详尽地解释作品背后的含义。

　　高更的作品"富有文学意味"，也富有哲思，可以被视作波德莱尔口中"契合"产生的纯粹的艺术。在绘画、音乐与文学三者交织形成的感性涌流中，绘画是当仁不让的核心。与音乐和文学相比，绘画具有独特的优势，可以直观地向观者揭示万事万物相互交融的关系。音乐供人们用耳朵倾听；文学作品超越地域限制，绵绵不绝地在人们的灵魂中产生共鸣；而绘画从一开始就能呈现出地域本身的魅力，并且四两拨千斤地展现出地域之上的细节和整体。

　　从长远来看，绘画这一基于视觉语言的"契合"的艺术，在后世画家的不懈雕琢之下，将会朝着色彩和谐这一方向去发展。然而，高更并不满足于简单的和谐，他渴望为简单的和谐注入新的内涵，令色彩之间产生对抗却并不突兀，从而赋予作品重要的意义。

高更的故事

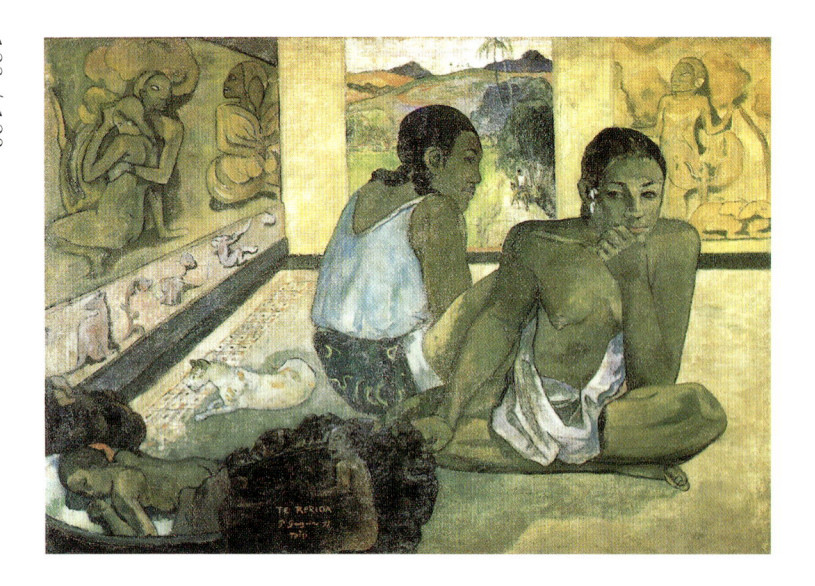

《梦》
Le Rêve
现收藏于英国伦敦考陶德艺术学院艺术馆

画中的空间有着精美的装饰,体现了高更对室内设计的兴趣(尽管他常常不得不更换住所)。在滞留新西兰期间,高更参观了奥克兰的博物馆,其中就包括毛利文化艺术博物馆,博物馆中的展品对高更造成了深远的影响,也体现在了这幅画中。正如画作的名称"梦"所示,这是一幅非常抽象和复杂的画。不过,画中的人物还是真实存在的,我们可以依稀辨认出画家的伴侣宝乌拉,当时她正怀着画家的孩子(可惜后来不幸夭折了)。整体而言,该作品充满了宁静、祥和的气息。

　　绘画的最高境界就是纯粹的色彩,高更虽未接受过系统的训练,却在一开始就意识到了色彩的重要性,这也正是其现代性的体现。高更不仅自己遵循这一理念,还指点塞律西埃完成了《护身符》。这是一幅极为抽象的作品,画家以自由随意的方式呈现了赋予他灵感的"爱之森林"。

　　印象派追求记录飞逝的感觉,而高更则意在呈现丰盈的思想。换言之,前者希望捕捉瞬时,后者则否定即时性,信奉永恒。印象派的现代性在于赋予绘画以写作的乐趣。而高更则擅长最大限度地释放出安静的力量,令雕像永远不受时间的侵蚀。

　　高更不仅创作绘画(活泼热烈的艺术),也创作雕塑(缓慢沉静的艺术),这表明他非常清楚:构建一个永不过时的图像世界,构建一个具有绝对的确定性的世界是非常必要的。

契合的游戏

《美妙的大地》
Terre délicieuse
现收藏于日本仓敷市大原美术馆

高更通过这幅画探讨了人类的无意识状态。画面上出现一个尚未离开天堂的夏娃，她的形象完全体现了神话中生命的丰盈和美妙。在这幅画中，夏娃宛若盛开的植物，与周围的景物融为一体。除了夏娃，高更还画了一只有翅膀的蜥蜴，因为根据《圣经》，魔鬼是借助一种奇怪的动物来到天堂的。画中丰富多彩的植物被查理·莫里斯称为"骄傲之花"。整幅画热闹非凡（人间的热闹曾令高更想逃离），令人不禁联想到杜安尼尔·卢梭笔下的华美世界。可以说，这是一幅富有异域情调的梦之画。

《布列塔尼的小牧羊人》
Petit Berger breton
现收藏于日本东京国立西方艺术博物馆

高更最初将这幅画命名为《风景画：山坡上有一个穿蓝色衬衫的男孩》。这个小男孩在高更的其他作品中也有出现。这幅画摘自高更的一本速写本，高更有随身携带速写本的习惯，他常常会在速写本上记录自己的真实想法，以快速融入周围的风景。他会在现场写生，然后提取合适的元素，以重组的方式将其放在画作的背景中。可以说，这幅画既体现了印象派美学，又综合了其他流派的风格。

象征主义的双重性

Les ambiguïtés du Symbolisme

　　高更一直在追寻一个世界，让他可以摆脱病态的现代性。他并不是一个人。在他清楚意识到自己内心的这一追求（他将为此付出所有）时，爱德华·舒雷出版了《伟大的受启者》，柏格森出版了《论意识的直接材料》。这是象征主义崭露头角的时代。象征主义者在此时期奠定了思想基础。这一代人渴望回到本初，完全从现实的沉重中脱身出来。

　　在这个黄金时代，集体意识觉醒，最能体现集体意识觉醒的艺术取得了根本性的进步。当时，瓦格纳成了一切思潮的先锋人物，所有人都以他为榜样，所有折服于代表着幻想、梦境、梦幻的象征主义的人都向他致敬。通常，象征主义画家青睐于表现具有强烈叙事意味的人物形象。所以高更被象征主义接纳是有些矛盾的（象征主义是当时引领文学界的潮流），毕竟他本人注重的是如何用干净的线条来塑造景物或人物，而非叙事。

象征主义的双重性

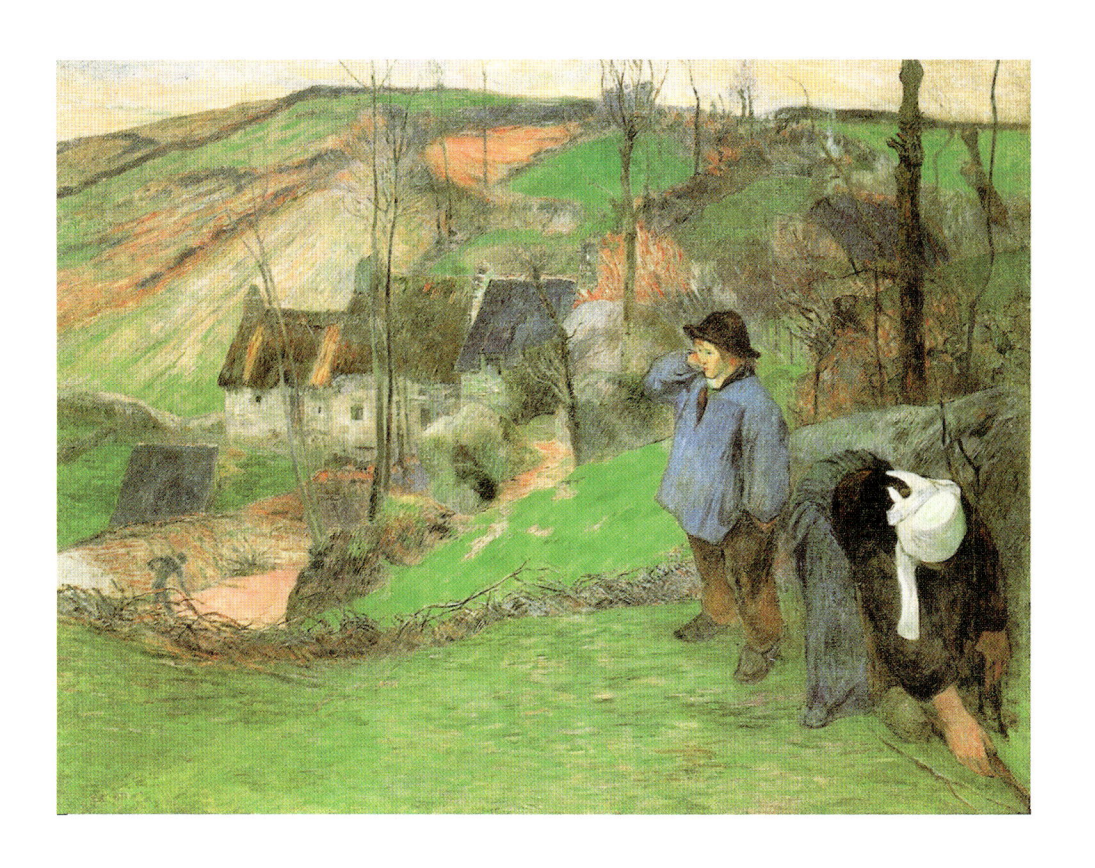

把高更视为先知不免有点夸张,不过他同时代的古斯塔夫·莫罗和奥迪隆·雷东都是这样看待高更的——这两个人也都是超越当下、徜徉在幻想的空间里的人。

　　高更与一些象征主义诗人私交很好,还受到了他们的认可和追捧。或许是受此影响,高更也开始在创作中加入丰富饱满的意象,其创作风格也产生了些微调整。高更画中的景致激发了观者的热情,同时吸引了一批象征主义拥趸,但他并不满足于此,而是选择花费更多的心思来研究景物塑造的问题。

　　高更是一位擅长塑造形状的工匠。他新加入的景物就如同乐谱上的音阶一样精妙。高更擅长创造一些新的景物,以起到画龙点睛的效果,令画中的人物姿态、场景或典故都顿时丰富起来。这种特质贯穿始终,在他后期的大溪地岛作品中,丰富多彩的景物合奏出了最动人的交响乐。

高更的故事

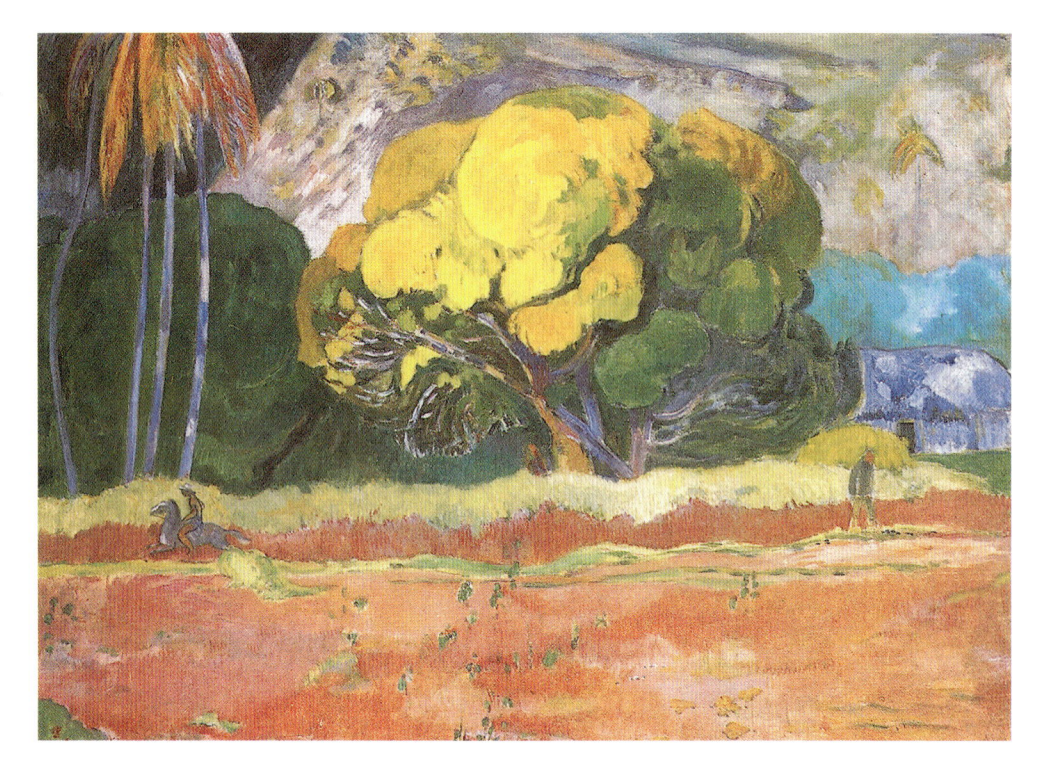

《山在附近》
La Montagne est proche
现收藏于俄罗斯圣彼得堡冬宫博物馆

这幅画没有直接指向任何历史或宗教典故。不过，一些评论家认为该画隐含着暗示"离开"的讯息，线索便是画中的骑马者和伐木工人。实际上这两个人物的原型是同一个人，即高更的朋友约特法。约特法曾带领高更到山里去寻找适合雕塑创作的木材，这段旅程既有色情意味又很神圣，是高更心中无法磨灭的记忆。

    无论是象征主义，还是超现实主义，都很希望能与高更拉近距离。这着实有些令人难以置信，高更竟然成了一群渴求空想式表达的群体的追捧对象。实际上，高更吸引他们的并非空想，而是构建神话的技术。在高更的作品中，女人（象征主义诗学的关键角色）脱下了西方的外衣，散发出原始主义的光芒。原始是她们的美德。从布列塔尼养鹅的姑娘到大溪地岛性感的歌舞女郎，高更只是把他从小到大收藏的明信片上的人物重新简化呈现出来罢了。在高更的整个绘画生涯中，这些绘有名家之作的明信片为他提供了无穷的创作灵感。高更擅长把真实的场景转变为梦境，但这梦境其实来自他的真实记忆，换言之，他令人惊叹地根据现实景象描绘出了失落的幸福。

象征主义的双重性

《有什么新消息？》
Quelles nouvelles?
现收藏于德国德累斯顿国家美术馆

这是高更对作品《大溪地的女人》（1891年，参见第89页）的重新演绎，两幅画中的人物具有相同的姿势。画面左侧的女人没有什么变化，右侧的女人在前一幅画中身穿的是粉色衣服。两幅作品的构图都非常紧凑，这一幅略微有些上悬。两个女人在一个远离喧嚣的环境里紧紧依靠在一起，透露出一种空虚的意味。高更通过对岛上居民日常生活的观察，创作出了这幅精巧的作品。画中花布裙上的装饰图案十分精美，这一点后来也受到了野兽派大师马蒂斯的赞许。

《绝望的人类》
Misères humaines

现收藏于丹麦夏洛特伦德的奥德洛普格园林博物馆

这幅画中的人物取自高更的另一幅作品《阿尔勒的收成》，只不过，这一次人物不再位于画面的中心，高更巧妙地通过留白来凸显人物。前景中的女性形象源自高更年轻时见过的秘鲁木乃伊，该形象频繁地出现在画家后来的作品中。整幅画沉浸在消极沮丧的氛围之中，与凡·高相同主题的作品不谋而合，不过后者的创作手法更为激烈。从某种角度来看，《绝望的人类》可以说是凡·高的名作《悲伤》的翻版，两幅画中的人物轮廓几乎一模一样。这幅画中的一切，乃至人物流露出的痛苦表情，都笼罩在一种被现实撕扯的沉思之中。

童年的回忆

Mémoires d'enfance

I

  高更的绘画作品的自传意味不是很明显，甚至可以说没什么他自己的痕迹。也有可能是他把有关自己的部分都用严格的图像逻辑隐秘地转述出来，以尊重绘画的整体逻辑。

  回望高更的一生，童年其实给他留下了最深刻、最持久的烙印。在风景如画的秘鲁，他睁开双眼，一如平常的每一天。母亲艾琳是高更最大的依靠，她总是温柔地关心着高更生活的方方面面。然而，有一次当他出门远航时，母亲突然离世。这对年轻的高更而言无疑是一个巨大的打击，因为高更的父亲早在从欧洲出发横渡大洋途中就已经去世，而如今另一位亲人也抛下了高更，更何况母亲在高更的生命中占据着举足轻重的作用。

  或许是为了缅怀母亲，高更经常会在自己的作品中融入母亲的形象。在高更梦想前往东京（越南）和马达加斯加，最后决定去大溪地岛旅行的这个时期，夏娃的形象一直萦绕在他的脑

海里。在高更笔下，夏娃有时是个布列塔尼女人，有时又是个异国面孔，但无论怎样，她的脸总会令人想起高更的母亲艾琳。高更曾专门为母亲绘制了一幅宁肖像，即《艺术家的母亲》（参见第11页）。在宁静优雅的肖像中，人们可以看到艾琳与生俱来的异国风情及忧郁气质。这种忧郁的气质模糊而轻盈地弥漫在整幅画中，也完美地融入了高更营造的女性诗意之中。

  高更备受呵护的童年生活在他心底留下了无限的怀想，这也是他进行陶艺创作的精神基础。他有时候也会释放近乎亵渎的痴狂，还有病态所触发的灵感。他的作品中不乏比例夸大的人物，令人不禁想到死神可怖的身影。他笔下的人物时常好像裹尸布，而不是什么温情脉脉的存在。在他的画里，美艳的夏娃被骇人的鬼怪石像所取代，这大抵也源于他飘荡的童年里奇特的经历和人事环境。童年，是他一切灵感的来源。他终其一生都在沉浸在思乡梦里。

高更的故事

《塞尚的静物和一个女人的肖像》
Portrait de femme à la nature morte de Cézanne
现收藏于美国芝加哥艺术学院（约瑟夫·温特伯瑟姆藏品）

高更对塞尚的钦慕起于在蓬图瓦兹举行的会议上。该会议由毕沙罗发起（毕沙罗是以上两人在印象派画技方面的导师）。高更共收藏了六幅塞尚的油画，包括《盛器、玻璃杯和苹果》。他将这幅画放置肖像画的背景中。画中女子的身份仍未可知，有人说这是他的妻子梅特，也有人说是玛丽·亨利（高更常常在勒普尔迪的小旅馆和她见面）。这幅画中与高更惯常描绘女性的手法尤其不同——他习惯把女性画得非常朴实，常常以布列塔尼的小农妇为原型。然而，在这幅画中，他呈现了一个资产阶级女性，冷静、温和、衣服整洁，甚至可以说相当精致。对于高更和塞尚的关系，后人仍只能揣测一二。不过毋庸置疑的是他们的关系并不和谐。就塞尚而言，他完全不欣赏高更的作品，称它们为"中国画像"；而高更倒是对塞尚这位出生在艾克斯的大师怀有崇高的敬意。当年高更被迫出售收藏品的时候，他没舍得卖塞尚的画。他告诉舒弗内克："我很珍爱这些画，它们就是我眼里的苹果。除非无计可施，否则我只有把最后一件衬衫都卖了才可能考虑卖掉它们。"

沉浸在自我的世界里

L'immersion

高更好像总在尝试走近什么事物（或什么人），或者说走近他自己。他觉得，简单地复制现实世界是乏味的事情。他迫切地渴望创作出能反映人类的所知、所梦、真正名垂千古的作品。

贝克特在谈论普鲁斯特的时候，曾说了这样一句话："唯一能带来成果的研究方式，是挖掘，是沉浸，是灵魂的收缩，是降落。"他认为唯有这样才能让人通过内省逐渐脱离现实，最终使绘画胜过现实。

高更的故事

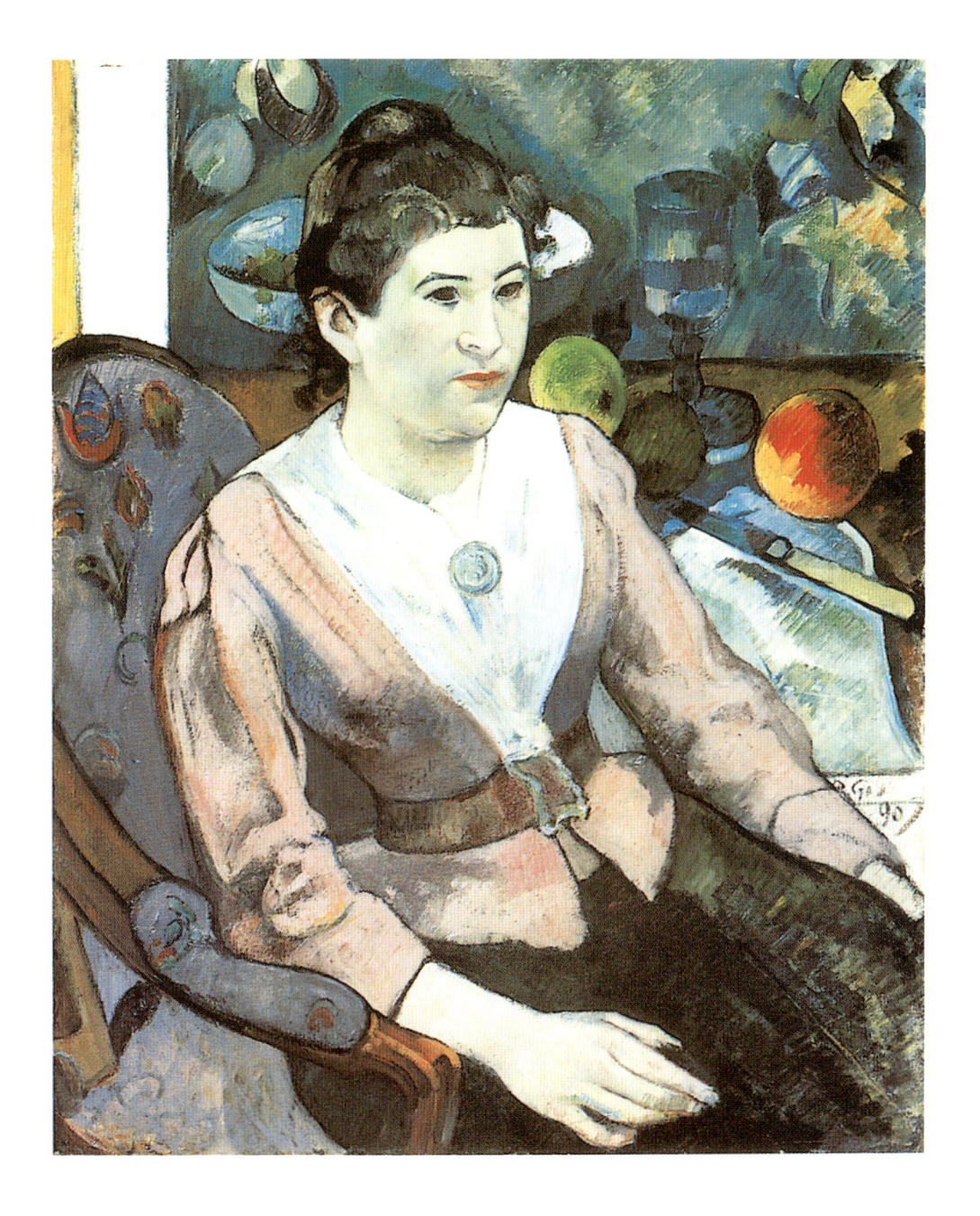

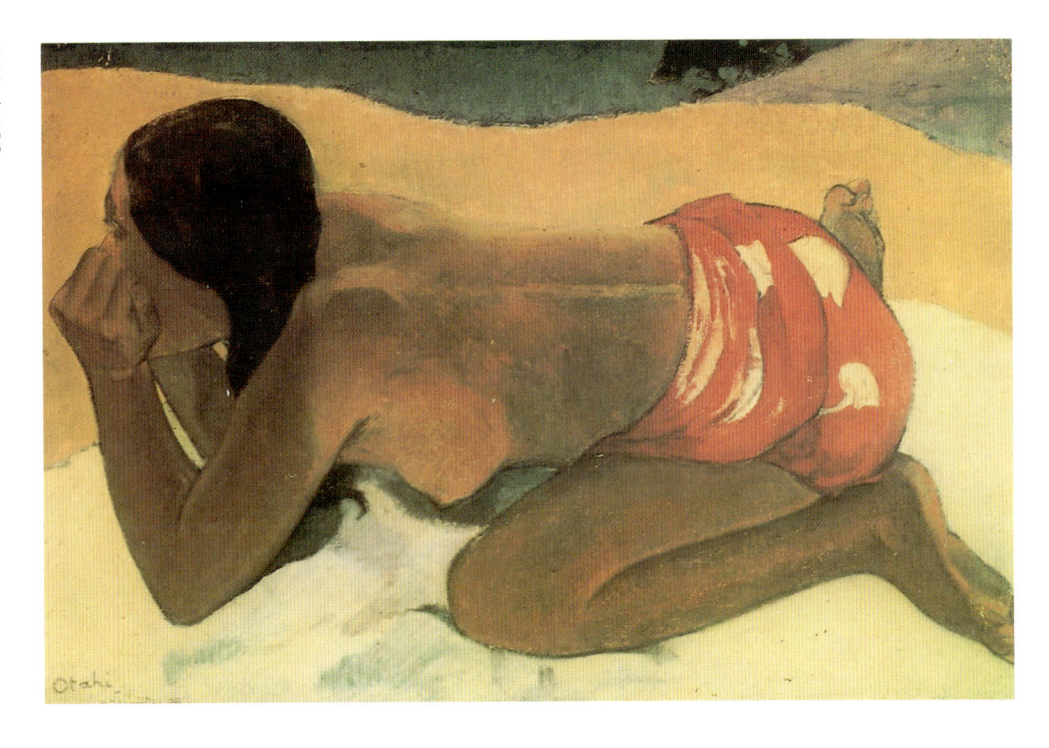

《独自一人》，又名《大田》
Seule (Otahi)

私人收藏

毫无疑问，高更希望通过人物刻意扭曲的姿态（与标题不太符合）来致敬德加的"沐浴者"系列作品，展现女性天然、坚实的骨架。德加笔下的女性总是扭曲且充满动感的。高更延续了德加的这一特质，但削弱了德加作品中流露出的虐待意味，转而强调女性身体的自然和纯洁。

沉浸在自我的世界里

《失去童贞》，又名《春日焕发》
La Perte du pucelage ou L'Eveil du printemps
现收藏于美国诺福克克莱斯勒艺术博物馆（沃尔特·P. 克莱斯勒捐赠）

这幅作品的灵感无疑来自高更与朋友埃米尔·伯纳德的妹妹玛德莲娜之间悲痛的恋爱经历。这幅画把埃米尔·伯纳德的作品《玛德莲娜在爱之森林里》中人物平躺的姿态复制了过来。高更呈现了一幅淳朴的"乡村"之景，通过画中的装饰和对海滩的大篇幅用色的处理，他以自己的方式回应了象征主义美学。他新近结交的朋友令他更了解象征主义，其中包括马拉美、莫雷阿（高更曾为他画肖像）、查理·莫里斯（莫里斯后来一直密切关注高更的创作，并积极参与了高更的自传《诺阿-诺阿》的创作）等。

高更的故事

《大溪地牧歌》
Pastorale tahitienne
现收藏于俄罗斯圣彼得堡冬宫博物馆

在高更的所有作品中，这幅画是最能展现大溪地岛田园诗般的风景的。它宛如一首田园歌，将大溪地景致与传统场景相联结，让人联想到远古时期。后人经常说，这是一幅"有香气"的画。整幅画沐浴在静谧慵懒的氛围之中，看起来原始又幸福，将观者带回了波德莱尔笔下精致且感性的世界。此外，这幅画中也依稀可以窥见杜安尼尔·卢梭的影子。

    高更的创作便是基于这样的抱负。说来也有趣，高更的艺术家行径和他的人生境况，似乎都要比他的绘画作品更能体现这种精神。

    高更虽然没有彻底超脱于现实，却总是带着一种强烈的欲望沉浸在自我的世界中，当然，更多的是沉浸在他痛苦的梦中。他的梦始终都在，但是非常晦暗。如此晦暗的梦境把他的画作推向了最极端的色欲和最深刻的存在悲观主义原本不可能有的交叉点。

高更喜欢创造既迷人，又带有平和的气息的女性形象。他笔下的女性服从于不可改变的命运，等待她们的是早已注定的死亡，当下是望不到头的痛苦和失落。痛苦在她们身上是恒久存在的，赋予了她们一种伤心欲绝的美丽。他作品中的女性在夕阳的光晕中拥有如同受伤的野兽一般的美感。然而，无论如何超脱（有时候体现为他的内向），高更始终都面临着他所要逃离的崩溃的威胁。

高更的故事

《神秘》
Soyez mystérieuses
现收藏于法国巴黎奥赛美术馆

木雕一直是高更热衷的艺术形式之一，他会时不时地专注其中，充满一种手工艺人的固执与狂热。本件作品中人物的身材凹凸有致，看起来十分性感，使观者仿佛置身于充满愉悦的肉体之中，这样的风格将在大溪地岛得到长足的发展。但正如其标题所示，这幅作品十分神秘。在一片肉欲横流的空间内，同时展现出邪恶而令人不快的战栗。神秘与质疑常常成为主旋律。透过尽情释放的肉体欲望，高更颇具挑衅性地在自己想要逃离的西方文化内涵之上赋予更为私密的异想（如他那幅充满象征意义的自画像）。自由奔放而又赏心悦目的边饰更显虚无的意义，人人都可以给出自己的诠释。高更的作品往往兼具双重使命：传递价值与取悦他人。

雕塑：绘画之外的世界

Au-delà de la peinture, la sculpture

高更长期以来都被自己吹毛求疵的苛求与近乎疯狂的野心缚住手脚，因此常常在创作上停滞不前。而征服某项卓越的新技艺则会令他重整旗鼓、信心倍增。从雕塑爱好者到专业雕塑家，高更很早就开始从绘画角度切入，以绘画的方式表达雕塑之艺，从而实实在在地通过雕塑材料展现出反叛精神。充沛的精力与体力让他不仅想要在自己擅长的绘画领域一展身手，同时也希望透过木料与黏土这类更具复杂象征意味、更能被赋予丰富人文气息的材质来唤醒那些隐藏的力量。

在少年时期，高更曾经见证了秘鲁陶艺品抚慰人心的强大魅力。秘鲁的奇穆及莫奇卡等文明留下的陶艺品在当地市场上十分常见，西方人也很爱购买和收藏，高更的母亲艾琳便是其中

之一。他后来的监护人阿罗萨也是如此，这位收藏家拥有十分开放的精神，其收藏的艺术品允满人文气息。从阿罗萨的收藏可以看出，艺术并不仅仅是对美的简单追求，而是对人文力量与思想的表达、对文明的折射。

高更在与夏普莱的合作过程中进行了许多尝试来推广自己的作品，足见其在雕塑领域的野心和胆识。他也由此为该领域注入了全新的价值。

在木雕方面他同样创意十足，发展出许多独具原创精神的创作方式，进而跻身自己所处时代最伟大的雕塑家行列。

高更的故事

《贝壳雕像》
Idole à la coquille
现收藏于法国巴黎奥赛美术馆

复杂的设计尽显高更的创作宏愿，他希望呈现的是"极致野性"的作品。雕像的创作灵感源自波利尼西亚十分古老的创世神话。由于没有参考对象，高更果敢地选择融入大量的东方元素以及自己大溪地岛主题作品中的元素，从图像资料中寻找灵感，从而拼凑出与传统风格极为不同的大杂烩作品。

《珍珠母贝雕像》
Idole à la perle
现收藏于法国巴黎奥赛美术馆

在特罗卡代罗博物馆及1889年巴黎世博会上欣赏到"土著"艺术作品之后，深受震撼的高更希望能在大溪地岛找到类似风格的作品。在这一时期，高更的作品融合了远东、波利尼西亚等多地的文化。此外，受到莫兰胡的著作《大洋岛屿游记》的影响，高更开始撰写笔记，即后来的《诺阿-诺阿》。

《女歌手瓦莱丽·鲁米肖像》
La Chanteuse ou Portrait de Valérie Roumi
现收藏于丹麦哥本哈根嘉士伯雕塑馆

该作品于1881年的第六届印象派画展上展出，当时并未引起人们的注意，此后的评价也很低。除了高更，让-路易·弗兰也曾为女歌手瓦莱丽·鲁米创作过肖像（高更买下了这件作品为收藏）。此处展示的雕像采用了当时流行的墓碑图案风格（奥古斯特·普雷奥就有大量这样的创作），与大卫·德·昂热的英雄雕塑形象很接近，还有德加的作品《咖啡馆的女歌手》中主人翁的影子。德加是高更十分欣赏的艺术家，对起步阶段年轻的高更影响深远。

《女神》
Hina
私人收藏

在波利尼西亚神话中，"Hina"是代表空气和月亮的女神，她与最高天神太昊结合，诞下大地之神法图。高更创作出波利尼西亚神话中超自然力量在某种意义上的三位一体。他在关于古老毛利偶像文化的历史文献中寻觅该件雕塑作品的主题，采用独特的"野性"表现手法，将传统神圣雕塑的特质呈现了出来。

高更的故事

《黄色基督》
Le Christ jaune
现收藏于美国布法罗奥尔布赖特-诺克斯美术馆

作品直接以如今仍摆放于阿旺桥附近特雷玛尔多教堂的彩色木质十字架上的基督形象为灵感。奥克塔夫·米尔博非常迷恋这件作品，认为这是"野性灿烂光辉、天主教礼拜仪式、印度教幻想、哥特式构图与晦涩精妙的象征主义那引人入胜而又趣味盎然的混合体"。（作品标题中表明的）色彩充分反映出主题以及画家赋予色彩本身的重要性。

色彩即音乐
La couleur est une musique

　　高更从来不否认自己创作过装饰画。这是他从前需要的东西。随着时代的发展，绘画不再仅仅承担演绎现实的使命，它被不同的画家赋予了各自不同的意义。塞尚旨在以材质的意义替代语言；高更则意图让作品拥有思想的外衣。在阿旺桥居住的那段极具启发意义的时期，高更彻底摆脱了复杂与喧嚣的环境，带着些许天真的愉悦，加入了一群对他极为欣赏的年轻人的行列。这些年轻人愿意倾听他的教诲，并令他慢慢成为文人们的关注对象。

　　当时的社会正在经历剧烈震荡。工程师们毫不掩饰胜利者的骄傲姿态（埃菲尔铁塔便是最好的证明），他们掌握着财富的钥匙，满腔热情地投入技术革新的洪流。诗人们则纷纷转向狂热而统一的新思想运动。他们拥有自己的精神领袖：波德莱尔对伴随现代社会出现的问题无比敏感；魏尔伦俨然扮演着传奇人物以及可恶艺术家的神秘形象；马拉美提出语言应当脱离其普通的用途，并因此被置于振聋发聩的混沌之下；离经叛道的瓦格纳是那些崇尚将思想放入形状、将象征融于画面的人们无可置疑的标杆——这是一场波澜壮阔的运动，每个人都在以自己的方式构建全新的思想秩序。

高更的故事

《日本木版静物画》
Nature morte à l'estampe japonaise
现收藏于德黑兰现当代艺术博物馆

高更遵循静物画创作原则，赋予创作对象他自己当下及回忆中的情绪。他在画中引入了歌川国贞一幅描绘剧场演员的木版画，并搭配了一个人头形花瓶，花瓶的造型与高更十分相似。在这个空间里，高更与歌川国贞完成了一场跨越时空的对话。

在艺术领域，除了高更，没有人能够响应如此宏大的挑战。而在公众们看来，当时那个所谓的纯洁艺术世界已将高更排除在外。但正因如此，他才得以自由自在地大展拳脚，以满腔热情投入更具同理心与复杂性的思潮，通过标新立异来超越当时被公认的那些艺术价值。

在高更身后，印象派羽翼已丰，他们的艺术风格开始出现分化。成功地在自然主义创作手法中脱颖而出之后，他们将接力棒交给了注重在科学层面拓展思路的点彩派。而已然赢得印象派大家长地位的莫奈则在竭力追求自身的突破创新。

这番看似分裂的情形都只是对现实的屈服，而高更对此毫无兴趣，他选择的方式是打破和否定现状，反叛姿态呼之欲出。对于（并非真正反叛者的）高更而言，现实与梦境可以通过某种形式亲密和谐地交融，这是一种经典而传统的表达方式，一种显而易见的方式。

色彩即音乐

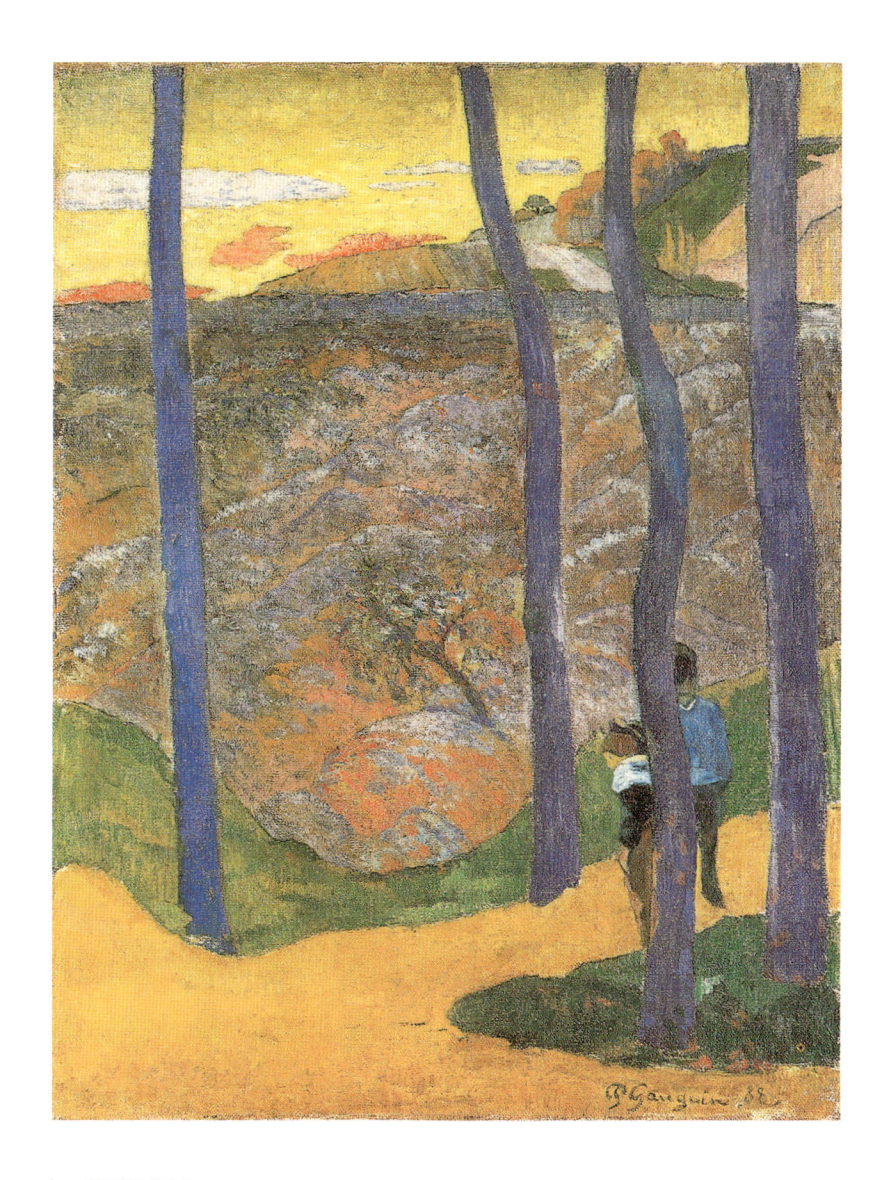

《蓝色树林》
Les Arbres bleus
现收藏于丹麦夏洛滕特市奥特拉普豪美术馆

这幅画是高更在"爱之森林"期间完成的作品,色彩绚丽,独具特色。当时,高更应塞律西埃之邀前往"爱之森林",并在那里指点塞律西埃完成了作品《护身符》。言归正传,在《蓝色树林》中,高更一如既往地对画面进行了抽象化处理,而色彩则在其中占据了至关重要的地位。与《护身符》一样,这幅画似乎预示了未来纳比派的用色方式,纳比派画家莫里斯·丹尼斯及埃米尔·伯纳德的作品中都可以看到类似的风格。

高更的故事

《玛利亚，我向你致敬》，又名《万福玛利亚》
Je vous salue Marie (Ia orana Maria)
现收藏于美国纽约大都会艺术博物馆（萨姆·A. 卢维森遗赠）

这幅画创作于高更大病初愈之际，因此很可能是高更赠予马泰亚天主教本堂神父的还愿之作。但是，据高更的儿子波拉回忆，父亲是在向其巴黎情人（但已被他抛弃）致敬，因为他当时得知自己即将成为父亲。在这幅画中，高更别具匠心地在波利尼西亚环境中加入了基督教形象（玛利亚），从而营造出了一种神圣感。同时，该作品还借鉴了婆罗浮屠塔的浮雕元素，向传统发起挑战，表达了高更不断追求的目标——综合呈现宗教信仰与不同层面的文化。这种综合极具理想主义色彩，并无讥讽矫饰。

神圣之义
Le sens du sacré

同音乐和文学一样，绘画也被赋予了宗教意义与色彩。不过相较而言，文学在宗教主题上取得了长足的进步，而绘画则深陷于学院派与现代派的对峙中裹足不前。在高更看来，除了走向现代，绘画尤其需要于快节奏且肮脏的现代社会中重拾那份思想的悸动。如何在绘画世界中实现这样的突破，这便是高更的使命，因为他的双手如此善于描绘形状，在直接面对创作媒材（如制作陶艺时用到的黏土）时又如此游刃有余。

高更不仅不是学院派出身，也没有任何学画经历（图卢兹-劳特累克和塞尚尽管并非学院派，但都有过学徒经历），因此他在艺术上比任何人都要纯粹，也更敢于尝试不同的风格。但也正因为如此，他将遭遇许许多多的业界限制、内心焦灼和严酷考验；在一条注定孤独的冒险之路上，他以身犯险、彷徨无助。

高更的故事

《基督的诞生》，又名《上帝之子》
La Naissance du Christ (Te tamari o atua)
现收藏于德国慕尼黑巴伐尼亚国家绘画收藏馆

在这幅画中，高更巧妙地将《圣经》场景（耶稣诞于马厩[16]）融入背景之中，以突出产妇的形象（很可能是刚刚生产完毕的玛利亚）。画中有很多颇具争议的细节，如产妇脚边的猫就包含着某种情色的意味。整幅画面让人不禁联想到马奈的名作《奥林匹亚》，或者说高更本人创作的"黑人版奥林匹亚"（即《国王之妻》，参见第97页）。作品的另一亮点是床沿部分的装饰，高更采用了一些大溪地岛传统中根本不存在的元素，并赋予其独特的雕塑视角。

人人都希望抱团取暖、循规蹈矩，因为唯有如此才能获得有保障的未来。而高更则不同，他是拓荒者，这就意味着离群索居、标新立异，并且不得不独自开辟新天地。他拥有探索者的体魄、胸襟、态度和行动。在这场征服的旅程中，他将一丝不苟地扮演这一角色。

不能沿着他人踏出的足迹前行，那么至少能够在自己开辟的天地里成为领袖。高更非常乐意充当这样孤独的王者，他的大师之名当之无愧。这是他在冒险旅程中收获的肯定，也令他的自我感觉越来越良好。但与此同时，他只想重回那份深层的孤独之中，因为这才是探求之人必不可少的氛围。

神圣之义

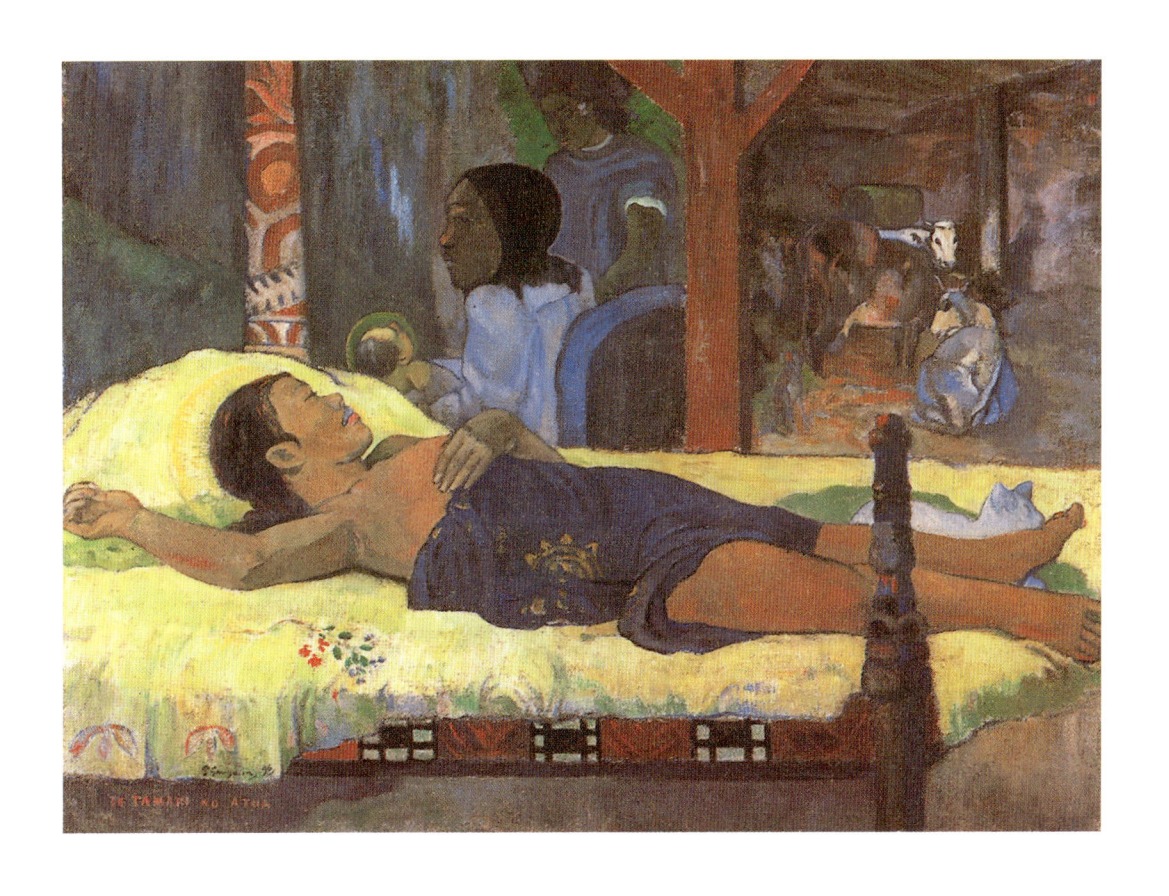

16　编者注：据传，当年约瑟带着怀孕的玛利亚前往伯利恒进行人口调查，由于旅店客满，这对夫妇只能在旅店的马厩里过夜，耶稣就此降生于马厩中。另有传言说，耶稣降生于郊外牧羊人暂居的山洞中的马棚里。

高更的故事

《橄榄园内的基督》
Le Christ au jardin des Oliviers
现收藏于美国西棕榈滩诺顿美术馆

高更时常会在笔记、文章及信件中将自己与基督视为一体。他曾向《巴黎回声报》的记者于勒·于雷提及他在创作基督形象时其实是在为自己画像："我画的根本就是自己的肖像！"这同时也代表着理想的破灭，意味着人性与神性的痛苦。看着这张平民化的面孔，刚刚完成同主题作品的埃米尔·伯纳德认为高更将自己置于欧内斯特·勒南[17]描述的形象之中，因为后者在《耶稣传》里表明耶稣只是众多普通平民里的一员。换言之，高更正透过该作品"追寻一种正在消失的精神灵性"。

  高更与其他画家之间的关系要么基于绝对的信任（如迈耶·德·哈恩、埃米尔·伯纳德），他在其中主要充当启蒙者的角色；要么就是充满质疑和剑拔弩张。真正认可他的大师只有毕沙罗和为他打开印象派大门的塞尚。但他与印象派始终保持着距离，虽然不是毫无火花，却也能明显看出他希望与之有所区分。

  这种从充满创造性的孤独中习得的本领，可以推动艺术家将绘画视作远高于自己社会性及普遍性的存在。就像凡·高一样，高更也始终将自己封闭在传道士般的孤独世界中，将自己认为的真实传递出去。艺术并非一场游戏，而是一台制造世界的机器、一片梦境。

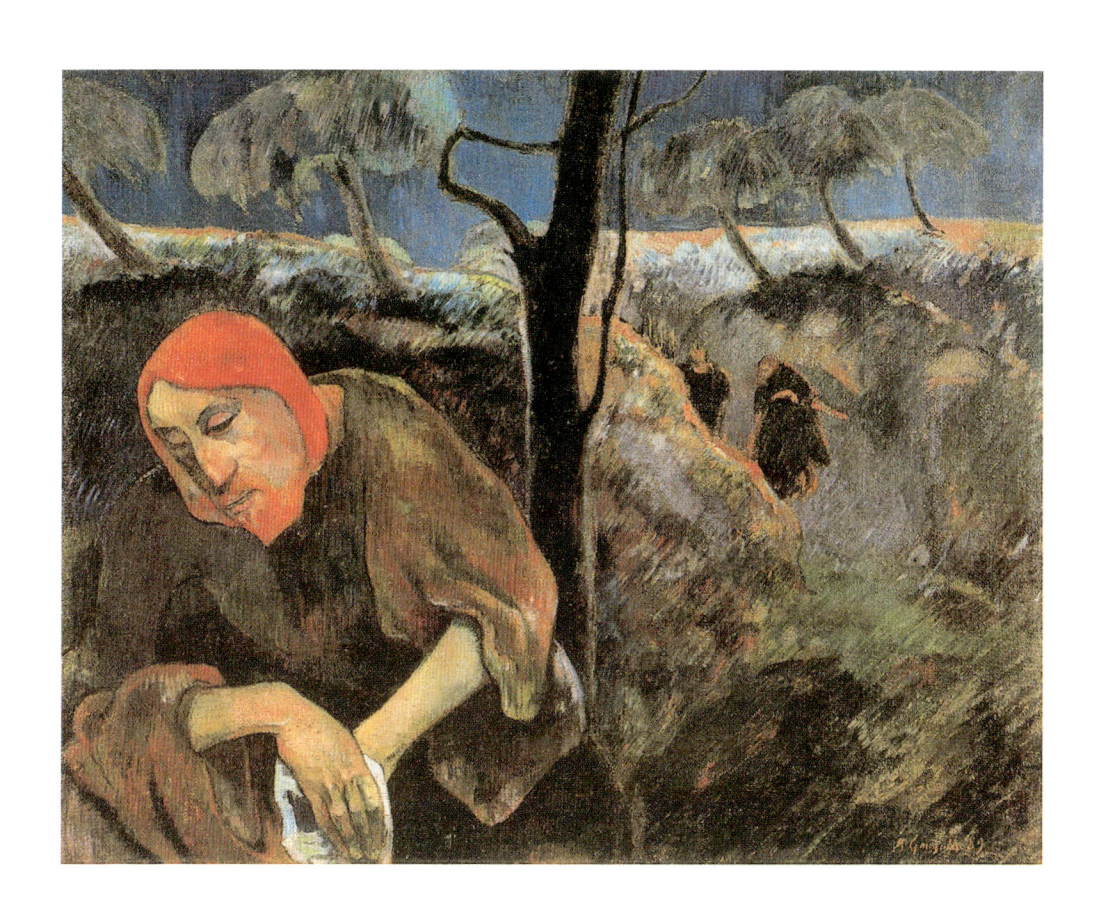

17　编者注：欧内斯特·勒南（Ernest Renan，1823年—1892年），19世纪法国著名哲学家、历史学家和宗教学家。

高更的故事

《死亡的幽灵在注视》
L'Esprit des morts veille
现收藏于美国布法罗奥尔布赖特-诺克斯美术馆

这幅作品的灵感源自高更的亲身经历，他曾回忆道："有一天，我不得不前往帕皮提。我保证当晚就回家，但马车把我丢在了半路，于是我只能步行走完余下的路程。到家时已经凌晨一点了……我打开房门，没有开灯，房间处于黑暗中。我心中突然泛起些许恐惧和怀疑；我敢肯定，有一只鸟儿飞了出去。我快速擦亮火柴，看清眼前的情景。蒂呼拉全身赤裸、一动不动地平趴在床上，腹部贴着床面。她惊慌失措地瞪大眼睛看着我，好像不认识我了一样。我自己也待在原地愣了一会儿，一种莫名的不安感迎面袭来。蒂呼拉的恐惧情绪传染开来，她那眼神凝固的双眸似乎流出了些许微光。我从未见过如此美丽的她，从未见过如此摄人心魄的美。"此外，高更还表示，在毛利传统中，晚间会有"守夜"的神灵出现。他用床边那个身着黑纱的形象予以展现。这一形象出现在他的多幅画作里，依据的都是这类毛利信仰与传说。

毛利人的宗教崇拜
Le culte Maori

高更对毛利人古老的宗教传统十分着迷，他全身心地融入当地的生活，甚至与一位土著女子（泰阿曼娜）同居，幼稚地认为这样便能完全体验到那些被现代社会大量掩盖的历史遗产，并使之存续和传承。

通过身体力行的实践，高更以纯洁无瑕的方式再现了历史，他将情爱姿态融入原始纯粹的绘画手法，令自己的艺术风格得以升华，这种升华与西方文明的认知或绘画技术的进步无关，而是对艺术直觉本源的深刻体验与寻觅。这样的艺术风格遵循自然生命的节奏，强调人与自然的联系，并以与人密切相关的宗教仪式为框架。这是一片失而复得的伊甸园。尽管高更对被西方文明玷污的艺术颇有微词，但不可否认的是，他在表现古老文明时依然带有西方世界的影子。

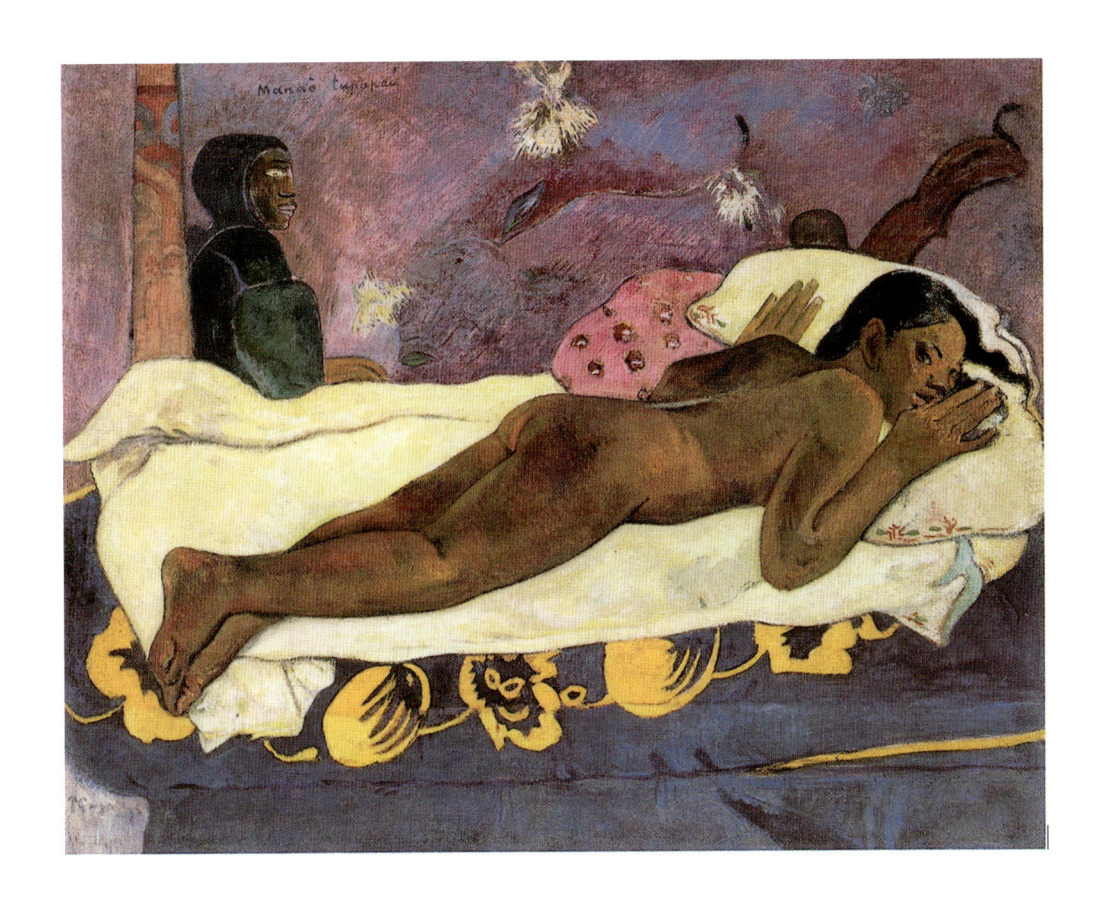

通过阿罗萨编辑的一些古代文明（尤其是埃及文明）资料图册，高更很早便领略到了浸淫于埃及艺术神圣光环中的宗教与神秘之美。在此后的不同人生阶段里，他曾多次回溯这种感觉，并深深沉迷其中。他于其间看到了某种本能，那是与原始偶像密切相关的思想背景，一种对基本生命宏观的视野；可惜的是，随着岁月的流逝，这种珍贵的本能被粉碎、被分裂，甚至被剥夺了它一切吸引人的力量。

虽然大溪地岛及马克萨斯群岛都保留了一部分毛利人的传统，但与真正的毛利文化还是有所差距。当高更真正直面毛利文明时，他感觉自己回到了更远古的时代，他仿佛找到了原始的灵魂并深陷其中。而他那些用渲染法创作的绘画，恰似复兴的开端。

高更的故事

《手持调色板的自画像》
Autoportrait à la palette
私人收藏

早在 1885 年于哥本哈根生活期间，高更就描绘过自己创作时的模样。在这幅画中，他将自己塑造成了一个受到权威认可的画家。画中人身着凸显画家身份的服饰，厚重的宽袖长外套搭配卷毛羔皮帽。他的目光炯炯有神、异常坚定，但日常生活的折磨与苦闷让他的表情显得有些疏离。此时的高更不复先前的平静（他此后的人生都不曾体验过平静），也没有沉醉于创作时的骄傲，而是在审视自己。

苦涩的巴黎
Paris amer

回到巴黎的"普通人"高更变成了一个人物。他的态度自此固定下来，并成为特立独行的风格，甚至令其传递的信息维度进一步扩大。这种转变体现在了高更那段时间的自画像（如《手持调色板的自画像》）中，画中的他与布列塔尼时期渐行渐远。

头戴卷毛羔皮帽、身穿深蓝色宽袖长外套的高更，在巴黎人看来好似一位身材魁梧、神情肃穆的马扎尔人。除了有些奇怪的服装，他的面部轮廓也十分突出。当时几乎每天都会去拜访高更的阿尔芒·塞冈经过仔细观察后做出了以下这番精确描述："他在缓慢行走时，很像伦勃朗作品中的人物，步伐沉重，戴着银边白手套的手部撑着一根用于装饰的拐杖。"这不由让人想起了兰波的诗歌："我将带着如铁的肢体、深沉的皮肤和疯狂的眼眸回归；人们会通过我的面具评价我是强大之人。"

第二次大溪地之行的作品并未为高更赢得声誉,相反世人的评论只给他留下了失望和苦涩。那些曾经在他首次前往大溪地岛期间毫不吝啬溢美之词的作家,那些为他勇敢、先锋而又独特的选择举杯相庆的文人,也一个个不见了踪影。的确,他引起了不小的误解。

　　马拉美曾用令人眩晕的辞藻表示:"怎么能将如此多的神秘置于如此鲜明的色彩之中呢?"但他从来没有直接对高更做出过评论。感觉被挑衅的斯特林堡则将对高更的评价总结成了一封拒信,高更对此不以为意,甚至将书信内容放入了新一轮画作销售目录作为前言——他要为自己再度踏上大溪地岛的旅程筹备资金。

　　还有人谴责道:"你创作了一片崭新的土地和崭新的天空,但我从你的作品中体会不到愉悦……你的天堂里住着一位并非我想象中的夏娃……"这充分体现了世人对高更的不理解。

高更的故事

《雪中的巴黎》
Paris sous la neige
现收藏于荷兰阿姆斯特丹的凡·高博物馆

该幅作品绘制于 1894 年。当时高更还住在巴黎，刚刚得知自己极为欣赏的画家卡耶博特去世（2 月 21 日）的消息，于是他根据卡耶博特的同名作品（1878 年）创作了这幅致敬之作。这幅画也帮助高更赢得了整个印象派圈子的好感。与卡耶博特的作品相比，高更的画风更显灵活，他将雪景中自然界的寂静与熟睡之人呈现出的安宁状态巧妙融合，狡黠且低调地在画面左下角加入了两个人物，明显带有日本版画的影子。

    寄予无限希望的文学界显然在疏远高更，这也令他再度成为与巴黎艺术圈格格不入的存在，尽管这是他最渴望征服的地方。因认可高更的贡献而被公开羞辱的纳比派也表示从此不再将画派的成功与这位曾对他们影响深远的艺术家联系在一起。被完全边缘化的高更终于意识到，他唯一的出路便是彻底的逃离。

苦涩的巴黎

《大提琴手谢内克鲁德肖像》
Portrait de Upaupa Schneklud
现收藏于美国巴尔的摩艺术博物馆（希尔达·K. 布劳斯坦为纪念雅各布·布劳斯坦捐赠）

这幅画的创作灵感或许源于斯特林堡（当时与高更交往频繁）弹吉他的照片。画中人物是谢内克鲁德，一位时常参与莫拉尔家族文艺小圈子的瑞典音乐家。莫拉尔一家是高更在韦尔辛热托里克斯街的邻居。在这幅画中，大提琴鲜艳的色调与音乐家凝重的表情营造出了某种高更作品少有的庄严感，这也足以体现出音乐在当时小资产阶级社会中的位置。如果说德加是音乐世界光辉形象的刻画者，那么高更只是随心所欲地装点背景，以优雅盛开的花卉为画面带来愉悦之美。

《魔鬼之语》
Paroles du diable (Parau na te varua ino)
现收藏于美国华盛顿国家美术馆（W. 哈里曼基金会为纪念玛丽·N. 哈里曼捐赠）

与《美味之水》一样，高更在这幅作品里也采用了《圣经》视角。模特胆怯而又腼腆的姿态与当地传统及纯朴的自然环境十分契合。一位身着连帽裹衣服饰的老妇人双膝跪地、戴着土色面具，充当了魔鬼的角色。这类邪恶形象时常出现在毛利人的想象中，人们可以从大量毛利传统作品中发现其踪迹。

阴暗时刻
La part d'ombre

在巴黎最后的那段日子里，高更几乎将所有精力都倾注在版画上。就像对待雕塑一样，高更在雕刻作品的过程中尽显自由风格，充满着独具创意而又扑朔迷离的激情。

高更以自己的一些画作（如《美味之地》）为灵感，尝试各种形式的变化，运用精妙的创作手法呈现独树一帜的效果。这是名副其实的实验性创作。他就像一位围绕旋律不断变换音阶与节奏的音乐家一样，将意外、惊喜、巧思与最出乎意料的组合汇集在同一幅作品中，仿佛宣告着自己从此踏上当代雕刻艺术的冒险之旅。

高更对出其不意的自发式创作方法始终保持着开放的态度，他在《诺阿-诺阿》中融入了一系列自己喜爱的作品。在重新审视自己的作品时，高更选择了已经试验过的创作原则，这些画面都在他手中经历了令人愉悦的探索、传递、重组与糅合。

然而，这些早已经过验证的创作方式或许适用于节奏缓慢的绘画艺术，却并不适合版画。他用阴郁的眼光看向这个透过绘画展现的柔美光彩的世俗世界，这个看似因飞速发展而光芒万丈的世界。事实上，在这些雕刻木材中渗入的是隐藏在潜意识里的自信与困扰。

高更的故事

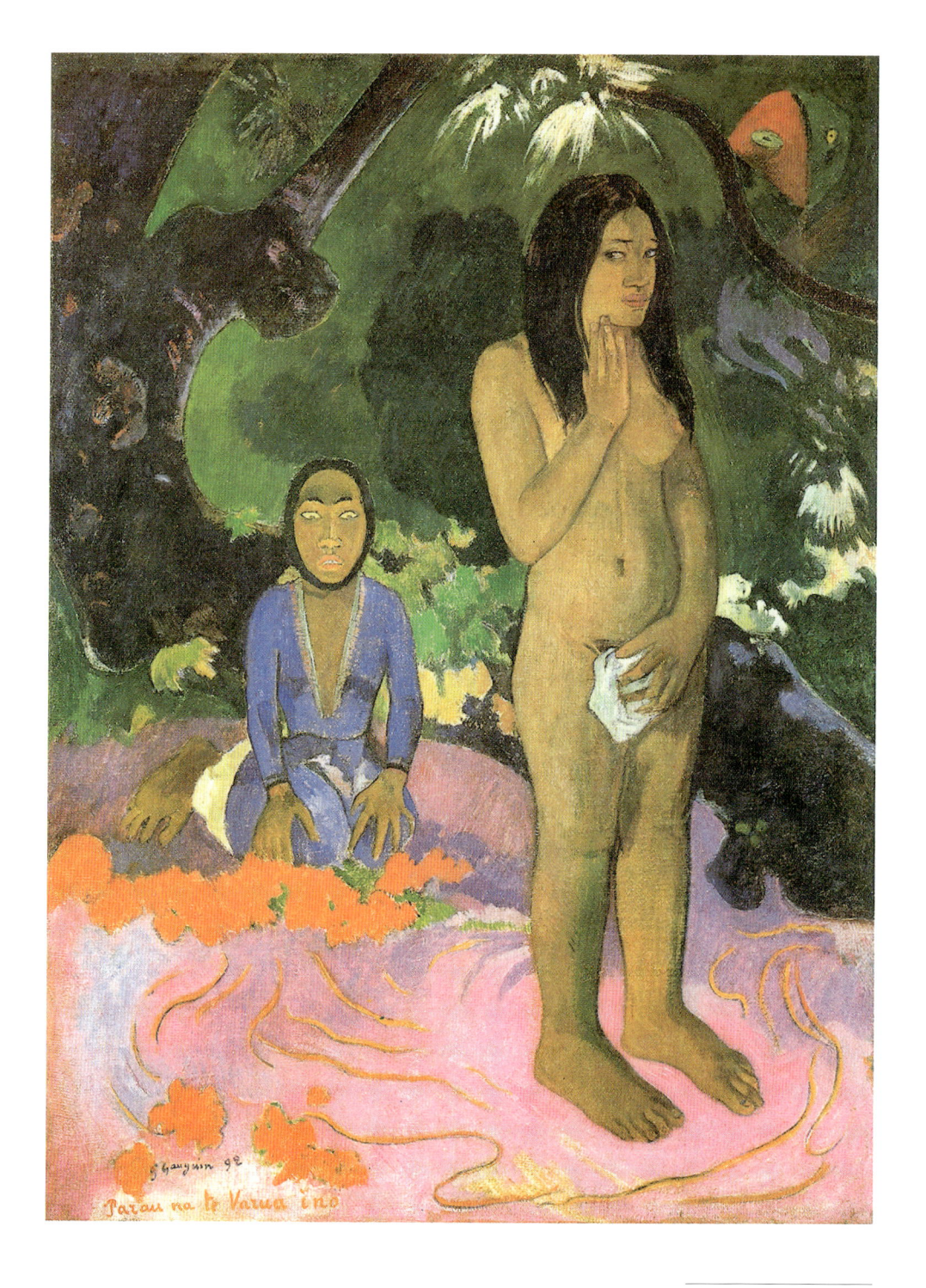

我们从哪里来？我们是谁？我们到哪里去？
D'où venons-nous ? Que sommes-nous ? Où allons-nous ?

本章的标题"我们从哪里来？我们是谁？我们到哪里去？"颇具哲学意味，这也是高更一生中最宏大的作品的名称。这幅作品总结了他的过去，坚定了他的存在，也宣告了他留给未来的遗产。作品提出的问题涉及他本人在艺术演进过程中扮演的角色。在绘画这门艺术领域，他无疑是主要的参与者之一。

高更最初只是一位艺术收藏者，他以绘画爱好者的身份投身到激荡19世纪画坛的第一批洪流之中。那时的主流依然是学院派，但年轻的高更在监护人阿罗萨及其丰富艺术收藏的熏陶之下，由一名单纯的爱好者一跃成为摒弃画室教条束缚的画家，从此开始了自我放飞之路。

高更开始关注主题本身，就像那些他十分欣赏的画家（巴比松派）一样。他了解德拉克洛瓦的广阔田园、库尔贝的敏感现实、柯罗的荡漾颤抖以及西奥多·卢梭的灌木丛影。处于阿罗萨各式珍奇古玩包围之中的他，见识过无数不同时代、不同流派的艺术品的图像资料，其中不乏宏伟壮丽的古希腊及古埃及艺术作品，因此尽管初入画坛，但高更还是有着很高的艺术素养。

高更绝非以门外汉的身份进入绘画领域，恰恰相反，他曾深刻地对绘画艺术进行观赏和分析，完全了解个中魅力与严苛。那么他自己是什么样子的呢？一位雄心勃勃的年轻人，面前拥有一条跟自己的导师与监护人如出一辙的富裕阶级康庄大道。高更年轻的妻子始终操心着丈夫的经济与社会地位，对一切形式的幻想嗤之以鼻，艺术便是其中之一。在妻子眼中，跟艺术相关的一切活动只会影响家庭内部的平衡与和谐。她可以接受丈夫高更是一名业余画家、一个马

《我们从哪里来？我们是谁？我们到哪里去？》
D'où venons-nous? Que sommes-nous? Où allons-nous?
现收藏于美国波士顿艺术博物馆（托普金斯藏品）

术爱好者或者一位业余钱币收藏家，但她完全无法容忍这份激情蔓延到不可收拾的地步，直至摧毁自己的家庭。

　　经过大量观察与模仿之后，高更致力于在作品中摆脱各种各样的影响，试图超越自己熟知的一切限制。那么他想要透过作品去向何方呢？

　　高更让自己"勇往直前"。他喜欢自吹自擂，喜欢被人夸赞和敬仰。他想要成为榜样。他需要那种征服感，那种被信徒们环绕的虚荣，正是这种好胜心推动着他不断发展演变并成为最好的自己。这样的虚荣并非毫无价值，他只是以此来抵御侵蚀到灵魂深处的焦虑，试图将不安冻结在恃才傲物的态度之中。这不是像富人那样的无比张扬的傲慢，而是如同自我怀疑者一般始终需要为自己的天赋辩护。高更这种浮于表面的自信与笃定周而复始地出现，令许多人迷惑不解。而事实上，这只是他对抗逆境的方式。面对层出不穷的羞辱，以及家人尤其是妻子的不理解，高更必须努力说服，因为家庭是他难以绕开的困扰。他四处漂泊、孤立无助，就像一心只想前往伊萨卡的尤利西斯。可惜的是，高更的妻子并非善良耐心的佩内洛普，她穷尽日常生活的一切可能来夺取高更作品的利益，并将其转化为物质财富，以此来弥补丈夫不务正业的损失，让他身为一家之主能够有支撑家庭开支的金钱。

　　恰在此时，一幅作品即将横空出世，颠覆所有人对高更的看法。我们到哪里去？他提出这样的疑问。而他的画作又将去向何方？或许是一个他自己都无法掌控的模糊未来。

高更的故事

《我们从哪里来？我们是谁？我们到哪里去？》局部图
D'où venons-nous? Que sommesnous? Où allons-nous? (détail)

我们从哪里来？我们是谁？我们到哪里去？

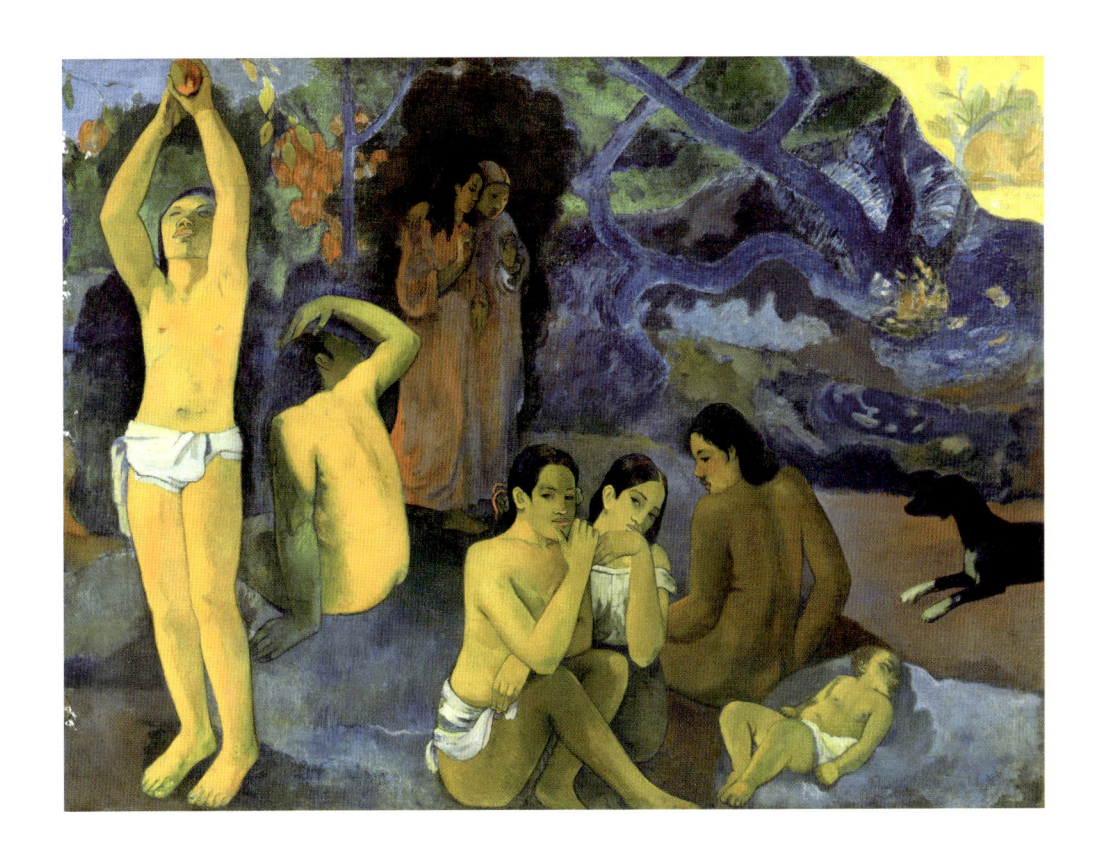

《我们从哪里来？我们是谁？我们到哪里去？》局部图
D'où venons-nous? Que sommesnous? Où allons-nous? (détail)

高更的故事

在忆及佛尔比尼艺术咖啡馆的画展时，高更致信莫里斯·丹尼斯强调说："当时我想要勇往直前、尽情尝试，在某种程度上解放全新一代的创作方式，然后再加上少许天赋。"他就是这样将坚定与谦卑混杂在一起的，充分反映出自身果敢与怀疑交织的个性。

时代要求艺术有所突破与演变。尽管艺术始终依照某种进步的理念运作发展，但它展现出了前所未有的直接与激进，仿佛一台蓄势已久的发动机。

历史上的艺术往往是伟大的象征，是古希腊—罗马时代经典传统的承继。而经过几番沉浮之后，社会开始自诩希望将人文主义与利益、资产阶级利己主义与对美之追寻和谐融汇，某种意义上的审美疲劳终于出现了。高更拒绝一切过时的教条，转而探索未知领域。印象派率先决定与沉重而恐怖的历史一刀两断，但其自身也遭遇了局限。高更出现之时，正值印象派遭遇首次信仰危机，内部发生冲突并出现重大矛盾。高更也一度陷入自己倡导的公式泥潭之中，如强调直觉创作的魅力、抓住瞬间感的重要性，但他早已用行动证明这门艺术还需要走得更远。

高更和他嫉妒不已的修拉一样，都对印象派的创作原则产生了质疑。他们希望从印象派发展出一种能够不断进行自我更新的未来新画派。而这一面向未来的飞跃将依托高更在阿旺桥的经历。他发现了勾画形状的线条，开始对空间进行区隔，并自由运用色彩；在对陌生文化的探索过程中，他沉浸在"野性艺术"的魅力之中。

象征主义由此诞生，这是一种全新的绘画形式，不再仅具有表现意义，更强调表达意义；充分彰显自我的色彩开始扮演激发情感、梦境与想象冲动的角色。《护身符》便集聚了所有创新元素，这幅果敢而坚定的绘画作品俨然一片为双眼与心灵带来无限愉悦的空间：它深入异域传统，探索野性艺术，革新艺术词汇——表现主义和立体主义等流派应运而生，毕加索的《亚维农的少女》便是其中最杰出的代表。在抽象方面，高更走得更远。他曾公开宣称："纯粹的色彩！应该不顾一切地追求它。"

色彩是高更精神的语言。一群狂热的年轻人围绕在他身边，将他视为精神领袖一般的存在，因为他深深地明白：绘画是一种语言，它可以接近身为日常生活牺牲品的普通人无法触碰的概念与禁区。他所在之处无不展现出对神圣事物强烈、激进而又极端的兴趣。高更宣告了一种新艺术的诞生，这是一种以探究意义为目的的艺术；当时，还只有智慧和知识是在探究意义的。他冒着可能在意识洪流中失足的危险。虽然不是严格意义上的理论家（他的追随者之一莫里斯·丹尼斯后来便成了一名艺术理论家），但他懂得如何控制自己的野心、展开有意义的探索、找到传递信息的全新语言形式。

这幅宏伟画作的完成速度比高更原本预想的慢了一些，在用一段哲学语言为它命名的同时，高更也展现出独属自己的方式、野心与走到命运终点的承诺。作品一方面总结了他想要探讨和展示的几大终极问题；另一方面也表达出与造型艺术的无比契合，似乎找到了最理想的呼应方式。

然而，质疑（抑或疲惫）如影随形。在一次极具象征意义的创作运动中，高更决定打破常规，以葬礼为主题进行创作。

《海边》
Près de la mer (Fatata te miti)
现收藏于美国华盛顿国家美术馆（切斯特·戴尔藏品）

极致简约加上完全平铺直叙的描绘方式，令这幅作品展现出彻头彻尾的象征主义美学特色，尽管高更本人并不完全赞同该流派的创作手法。他为画面注入了通常在象征主义中不会出现的性感元素。除去裸体形象带来的狂热激情，整幅作品最具特色的当属高更对天堂般装饰背景的描绘。

总体艺术之梦
Le rêve d'un art total

莫奈终其一生都在孜孜不倦地绘制系列作品（从"鲁昂大教堂"系列、"干草垛"系列、"杨树"系列到最后的巅峰"睡莲"系列），高更也不例外，他围绕"我们从哪里来"这一主题展开了一系列创作，并期望这些系列作品可以同时展出，向观者尽情展现自己的风格。"我们从哪里来"系列作品是他哲学思想的汇总，见证了在这段人生时期他迫切地想要将思想演绎为"形状和色彩"组合而不是感觉为先。这也是他与印象派存在极大差异之处。他相信可以"将造型艺术与人类观点和梦想结合起来"（他的书信中记录了大量评论文字，足以理清他的思想脉络）。这样的观点令他最终向象征主义靠拢，尽管他的创作方法要比该画派中的其他画家更加激进。

高更的创作速度越来越快,风格亦愈加鲜明和专横。他运用高超的技巧将看似不相关的冲突元素捏合在一起。他借鉴了大量记忆中的艺术素材。这些鲜活的印象源自他曾经收集的明信片、始终钟爱的童话与传说,还有赋予他大量灵感的《圣经》(如《上帝之子》)以及他当下所处的环境,如作品《美味的日子》便完美展现了"大洋洲人的生活"。对此,一位评论家曾恰到好处地点评道:"这番描绘不仅凸显出氛围,更诉说着某个古老的时代,因为作品中无处不在的是亘古不变的原始感与纯净无瑕的自由和高傲。画面如此亲切地展示了一个天真快乐的种族,他们依靠最被动、最宁静的家族信仰来完成生养与哺育。"

高更的故事

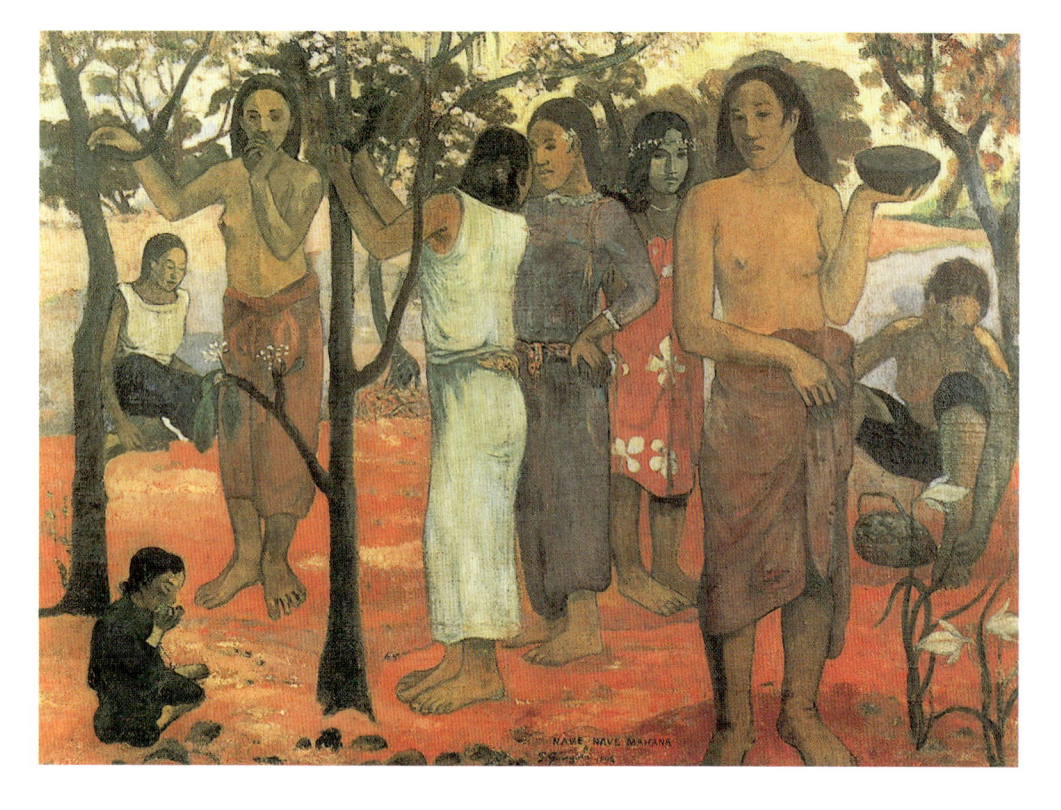

《美味的日子》
Jours délicieux (Nave nave mahana)
现收藏于法国里昂艺术博物馆

玛德琳娜·文森特在介绍里昂博物馆藏品时曾说,这幅画"在某种程度上是大洋洲人生活的浓缩反映。他们的生活神秘莫测,这种神秘并非隐藏于半明半暗之中,而是展露在如火光般明亮的环境之中。画面呈现的是一种让人们变得麻木的气候,炙热的环境透过层叠的各种红色及人们肌肤上的铜色表达出来,沁人心脾的花香令金色的天空更显闪亮。这番描绘不仅凸显出氛围,更诉说着某个古老的时代,因为作品中无处不在的是亘古不变的原始感与纯净无瑕的自由和高傲。"

  尽管高更的身体每况愈下,他最心爱的女儿阿丽讷也不幸离世,但第二次定居大溪地岛的高更无疑抵达了他冒险之途的巅峰。在这一时期,高更的作品仿佛跨越了时空、超越了真实世界,他游刃有余地将各式人物与景色编织在一起,为观者演奏一首首和谐的交响曲,让人仿佛置身于纯洁天真的原始时代。此外,高更对细节的刻画也越发细腻,可以说,在色彩的运用和搭配上,他达到了一种前所未有的高度。

总体艺术之梦

《甜美的梦》
Joie de se reposer
现收藏于俄罗斯圣彼得堡冬宫博物馆

这幅作品是高更在巴黎创作的。他凭借自己的回忆和笔记绘制出一幅大溪地岛纯朴和谐的生活图景,表达出浓浓的思念之情。与此同时,他的《上帝之日》则完全践行了皮维·德·夏凡纳(高更无比崇敬的艺术家)《圣林》中的构图,以这种方式坦诚了自己的创作标杆与意图。要特别注意的是,对他而言,大溪地岛主题的绘画作品完全受制于他的西方文化背景。这便形成了一种矛盾,因为他同时又不断强调自己要摒弃眼前腐朽不堪的社会,投入洁白无瑕的世界。

《披红色斗篷的马克萨斯群岛人》
Marquisien à la cape rouge
现收藏于比利时列日现代艺术博物馆

画中人物是在高更人生末期点燃其创作激情的哈普阿尼。此人英俊而又善变,曾为当地神父,后被传教士革职,于是成为宗教节庆及仪式(包括舞蹈、纵酒狂欢等许多波利尼西亚传统方式)组织者。健康每况愈下的高更对宗教世界神秘而又神圣的仪式越来越感兴趣,相关主题令他十分着迷。

死亡仪式
Le cérémonial de la mort

  高更与死亡的距离并不遥远,或者说死神一直在恭候着他。但哪怕在即将走向死亡的日子里,高更也依然在急不可耐而又心满意足的孤独中创作着。每一幅作品都是挑战。每一次创作的结束仿佛都让他离死亡更近了一步,那致命的威胁似乎就在眼前。

  一幅完成的作品有时好像是死神的候见厅,这一次它没有征服而只是发起了挑战。死亡之于凡·高是无处可逃的宿命,终日纠缠不休,藏匿在他的每一幅画作背后。虚无可以令画家跨越作品之外,摆脱那令人畏惧的深渊,死亡的深渊。

  高更的身体状况日益恶化。他在书信中无止境地抱怨,诉说着病床上的痛苦和折磨,讲述着在画架前颤颤巍巍的样子,无比凄凉。那个身材魁梧、举止威严、气度非凡的男人不过是一尊黏土雕像。他的双腿直至去世之时都始终处于严重化脓的状态。那些曾经恣意爬到他床上寻欢作乐的小女孩也被这骇人的伤口吓得不敢再来。与病魔的抗争就是一种慢性死亡。高更常常希望这一切快点结束,如此艰难的生活状态最好立刻完结。他期盼着、计划着,整个过程像极了死亡仪式。

高更的故事

《诺阿-诺阿》
Noa-Noa
现收藏于法国巴黎卢浮宫

  高更深入大山，挖掘主题深层的含义，超越绘画行为本身，不再仅仅局限于事物的表面。谁也没能想到，这条道路是如此的孤独和隐秘。于是，他随身带着毒药，前往富饶且庞大的自然腹地，在那里，他既能感受到威胁，又仿佛得到了庇护。他喝下了那瓶威力足以杀死好几人的毒药后，躺在一片草坪上（我们完全可以想象到那片郁郁葱葱的绿色）。他态度坚决，只求一死。然而事与愿违，本应夺去他生命的毒药并未起效，他被救了回来。于是，这次自杀变成了一场糟糕的噩梦。高更只是经历了一段奇异的死亡漫步。我们可以将这段情景对照他在《诺阿-诺阿》中的大段描述：出于某种模糊而又隐晦的欲望，他在年轻向导的带领下深入大山，找寻雕塑作品需要的木料。

  相较而言，凡·高的死则宛如一场缓慢的临终仪式。在奥维尔小镇的阁楼上，他像一位脆弱而笨拙的猎人那般将枪口对准了自己。最终，他选择在屋外的麦田中结束自己的生命，将生命终结在自己的画作里。

  高更与凡·高性格迥异，但两人却都不约而同地想要提早结束自己的生活，这或许证明了两人灵魂深处有着某种相似之处，那便是作为画家想要竭力看清这个世界真实本质的欲望。只不过，两人的结局并不相同。

死亡仪式

au monde qui m'ait tenu ce langage. — ce langage d'enfant; car il faut l'être, n'est-ce pas pour s'imaginer qu'un artiste sait quelque chose d'utile...

高更的故事

《拿扇子的女人》
Femme à l'éventail
现收藏于德国埃森弗柯望博物馆

这幅作品是根据一张照片绘就的。作品中的女子是托霍塔乌拉,她是高更另一幅作品《披红色斗篷的马克萨斯群岛人》(参见第169页)的主角哈普阿尼的妻子。在这幅画中,她的姿态充满着优雅与庄重之美,令人眼前一亮。这对拥有另类美貌(所有亲眼见过他们的人都对此毫无异议)的夫妇与高更有着剪不断理还乱的关系。据说,高更曾与托霍塔乌拉发生过亲密关系,而且托霍塔乌拉的丈夫并不介意,因为这是岛上的习俗——岛上居民奉行一妻多夫制。

夏娃与她的姐妹们
Éve et ses sœurs

在高更的职业生涯中,他以女性为主题,创作了无数精彩绝伦的作品,而这些作品也反映了一系列围绕他私生活及悲惨命运的精神创伤。论及对高更最重要的女性,就不得不提到他的母亲艾琳。

1867年,母亲艾琳不幸离世,当时高更还未满20岁。自此之后,高更与女性的关系便迎来了接连不断的考验。他与妻子梅特总是争执不休,这让他产生了逃离家庭的念头;而他最心爱的女儿阿丽讷也早早离开了这个世界,这对高更来说无疑是巨大的打击,也推动他一步步走向"野性"。起初,他以为这种野性只会出现在艺术创作中,但没想到这也影响到他的正常生活,直到人人都发现在他充满攻击性的外表之下隐藏着一颗极为敏感的心。他曾在一封写给梅特的信中强调说,自己拥有敏感和野性的双重性格。如今,他渐渐地脱离了敏感的部分,转而让野性占据主导。

夏娃与她的姐妹们

高更的故事

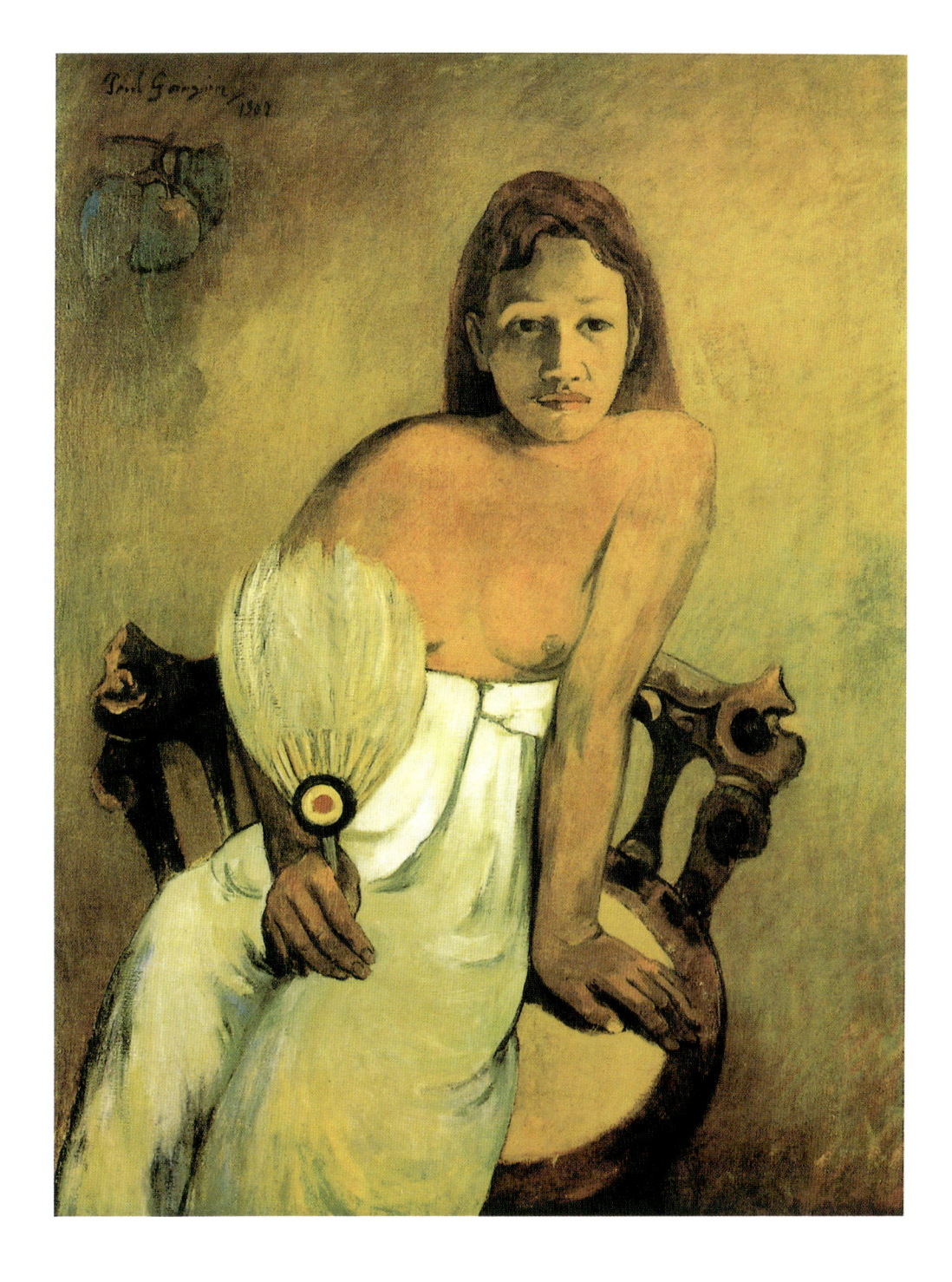

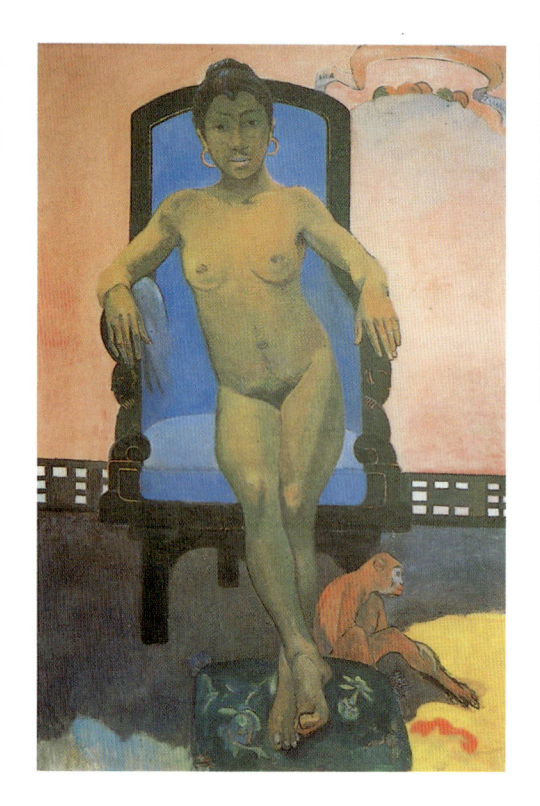

《爪哇女人安娜》
Annah la Javanaise

私人收藏

画中人物是沃拉尔介绍给高更的爪哇女人安娜。高更在韦尔辛热托里克斯街居住期间，便与这个女人一起生活。他在布列塔尼与当地渔民发生冲突时，安娜便陪伴在他身边。那场冲突导致高更身受重伤，也直接导致了高更后来健康状况的恶化。就在高更因受伤滞留布列塔尼期间，这个仿佛不祥之物的女人返回巴黎，无耻地将高更的画室洗劫一空。高更在创作这幅作品时，或许想到了塞尚的《阿希尔·昂伯勒尔肖像》，画中人物端坐于一把醒目的扶手椅上，残疾而弱小的身躯清晰可见。

　　自此，高更的感情生活仅限于简单的性爱，频繁、淫乱和欢愉，再也没有任何长久的情感联结，只是时不时表现出绝望的癫狂。不少临时的性伴侣，几个意料之外的孩子，这是一种曲折离奇的逃离方式。在幻想破灭之后，理想女性的形象便从此由现实变为画作，给予他慰藉和滋养。

　　无处不在的性感夏娃同时还拥有宗教偶像般的威严，象征着神话。她展现出的是寺庙楣檐上宗教形象般的庄重态度，姿势沉稳而鲜明，凸显出与自然环境的亲密关系。她仿佛同周围的绿植、花卉和树木融为一体，置身风景中心的她似乎进入了它们的世界。在一片生机勃勃而又永恒不变的宁静氛围中，孤独和尊重之感油然而生。

　　高更与女人之间的关系遵循的是动物界的法则。他习惯将室内的光线投射在女人身上，令其展露某种自然而生动的宁静之美。他有时会陷入（尤其是在雕刻作品时）某种冥想、呢喃和幻梦的状态，目光更显忧郁。这或许就是波德莱尔所说的"黑色维纳斯""在黑暗中寻找光明"。

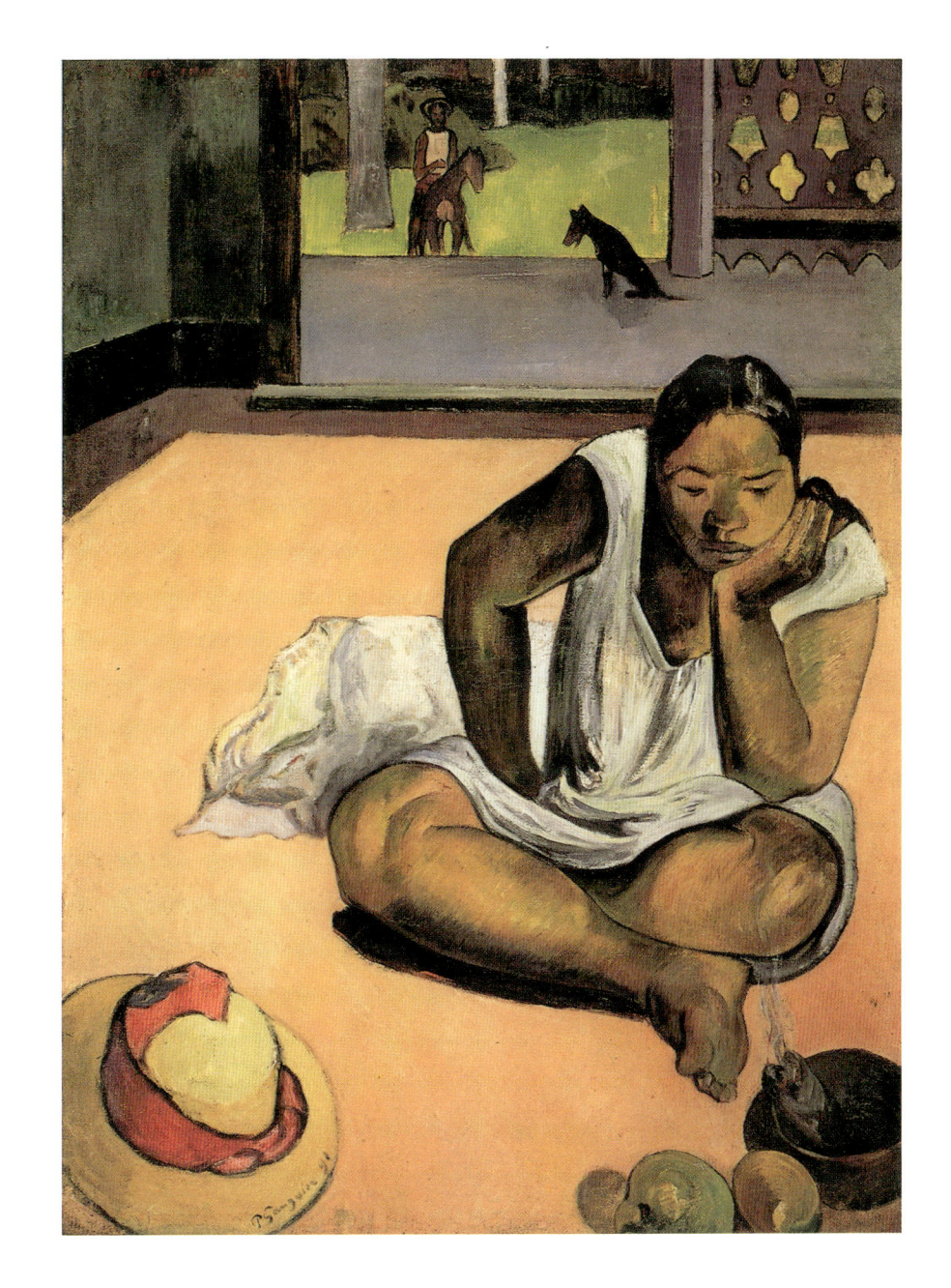

《郁闷的女人》
La Boudeuse (Te faaturuma)
现收藏于美国伍斯特艺术博物馆

《法兰西之花》
Les Fleurs françaises (Te tiare farani)
现收藏于俄罗斯莫斯科普希金博物馆

在创作这幅作品时，高更很可能临摹或借鉴了德加的名作《坐在花瓶旁的女人》（1865年）。整幅画作构图大胆、色彩丰富、细节复杂，这令画面解读起来十分困难，甚至无从说起。画中的人物、花朵及背景充满了浓浓的乡土气息，营造出了一种有趣的原始氛围。

他处的声音
Voix d'ailleurs

凭借与生俱来的敏感与天赋，高更为艺术的发展做出了卓越的贡献。作为新艺术的推动者，他在绘画领域的声誉日益增长。透过中间人，他从小小的海岛将自己画作中的精髓传达到了远方的西方世界。

在巴黎，高更的崇拜者（人数日渐增多）迫切地想要了解高更在波利尼西亚的生活，于是他们求助于与高更保持书信往来的朋友，包括丹尼尔·德·蒙弗雷、查尔斯·莫里斯等。为满足自己与外界沟通的需求，高更一直与上述友人保持着书信往来。

虽然高更主动逃离西方世界的喧嚣，但他依然渴望知道在他缺席的这段时间都发生了些什么。这就是他对外界评论与非议抱持的众多矛盾态度之一：疏离却又关注。

　　深陷波利尼西亚这个微小而绝望的世界之中，高更正是依仗着如此反复无常的紧张与幻想以及对谣言与真实信息的渴望支撑着自己的形象。尽管现实与他的幻想背道而驰，但他创作的能量从未枯竭，始终表现出一位激进艺术家令人尊敬的典范模样。

高更的故事

《扶手椅上的向日葵》
Fleurs de tournesols sur un fauteuil
现收藏于俄罗斯圣彼得堡冬宫博物馆

从创作主题及向日葵摆放的座椅来看，高更都在向凡·高靠拢，但他表达的意义则截然不同。凡·高的《向日葵》展现出太阳那令人心醉的光芒，从光线的发散到随之而来的炫目，向日葵的灵魂丝毫不曾受损；而高更则选择了一系列低调克制的色彩，营造出一种忧郁伤感的氛围。这幅作品中向日葵的大小及其摆放的位置都不同寻常，由窗外向内凝望的女性形象也十分怪异。这种在刻画目光上的执着与雷东（高更虽然没有采用与其相似的创作方法，但非常欣赏雷东的作品）的怪诞风格有些许联系，十分抓人眼球。

他处的声音

《插有红色花朵的花瓶》
Vase de fleurs rouges
现收藏于英国伦敦国家美术馆

  高更的艺术形式中最具原创性的一点，也是他缺席艺术界赢得的最大优势便是隐秘。他宛如一位时常发表警世名言的先知，永远处于幕后。而在那个五光十色、躁动不已的巴黎，人们只能看到二流的角色。

  真正的创作者很难迎合人们日常生活中那些心血来潮的要求，实用主义至上的生活往往如此。而高更选择自我封闭，只求逃离现实世界的短视与无意义。他并非故意为之，却始终与大众格格不入。他享受"遥远的距离"，这便是像他这类人的与众不同之处（凡·高在自杀之前也曾选择离群索居）。由此，高更的日常生活也变成了传奇的一部分。

高更的故事

《造像者》艺术评论期刊
L'Ymagier

1898 年—1899 年，高更创作了大量的木雕作品，这令他成为推动木雕艺术复兴的一大力量，而由雷米·德·古尔蒙和阿尔弗雷德·雅里联合创办的《造像者》艺术评论期刊则是这一过程最直接的见证者。杂志上刊登的画作主题十分宽泛，几乎包含所有时代的作品，尤以中世纪仿古画、埃皮纳勒民间画及日式木版画为主。

高更一生都在与木料打交道。他创作木质雕塑，还用木料打造出千姿百态的宗教图腾形象来装饰自己的各个住处。

高更创作的木雕绝非针对普通用途，即置于玻璃板下或是挂在墙上以供欣赏。他赋予木雕自己喜爱的多重装饰功用，如将其引入书籍领域，用作装饰边框、封面、扉页、文字配图。他自己的《诺阿-诺阿》这本书就是这样，不仅集中体现了他的思想，也充分展示了他的艺术特色。

《野人》
Oviri
现收藏于法国巴黎奥赛美术馆

该作品灵感源自秘鲁干尸，这一主题也曾出现在高更的素描中。他将这类作品称为"陶雕"。这种创作形式可以通过陶瓷艺术展现充满戏剧性的狂热和充满表现力的姿态；也可以雕塑艺术方式实现浓缩的不朽形象。在大溪地岛语中，作品名"Oviri"是"野人"的意思，代表着掌管死亡和哀悼的神明。作品呈现的是一个多产而又凶狠的女性形象，一种女人的野性状态。这样的形象始终萦绕在高更脑海中，驱之不散。

高更对雕刻艺术的热衷反映出他深层次的工匠精神，这一点也体现在他的摄影方面。与阿罗萨的特殊关系让高更得以了解摄影这门艺术，前者编辑出版过许多考古主题的摄影图集。这些画册也在很大限度上为高更打开了艺术世界的大门，成了他的启蒙教材。他重拾起青年时代的爱好，将雕刻与画面建立起紧密联系，在雕刻艺术中发现了令人愉悦的终极目标。

在《造像者》期刊中，高更主要展示的是自己关于布列塔尼生活的记忆以及一些宏大的宗教主题。他凭借善意的慷慨，怀抱宏伟的愿望，在创作中融入了既天真又性感明艳的生动记忆。

高更与画面的紧密联系恰似许多人同文字的关系一样强烈。他可以与画面无限亲近、深刻共情。他自觉感受到了某种信息，并可以通过生动的节奏表现到书面上，由此获取各种新形式的自由，获取令后世艺术家们争相追寻的创意力量。他游刃有余地从事着综合艺术，时而留下神经症的笔触，时而灵活百变，时而出于简单的快乐而在白纸上创作出多姿多彩、热情洋溢的画面。他在边框设计上不断创新，完成了一个个精彩纷呈的排版，兼具简约（明快）与果敢（及开放）。

文学领域
Du côté de la littérature

高更与文学的关系是断断续续、出乎意料而又变化莫测的。在他跌宕起伏的一生中，他曾与文学短暂邂逅，但不久后便主动退出了。

在沃尔皮尼咖啡馆的一次展览上，高更结识了奥里埃，这位真诚欣赏高更作品的评论家帮助他逐渐打开知名度，在当时的艺术界占据一席之地，并促使他向象征主义画派靠拢。高更认为自己是这一流派的特殊代表。

后来，莫里斯·丹尼斯向奥雷里昂·吕涅波透露说，正是奥里埃将高更带到了弗朗索瓦一世咖啡馆，那里聚集着当时文学界最先锋和杰出的人物。

高更仿佛进入了一片无比华美的世界。"奥里埃告诉高更，斯图尔特·梅里尔以及其他许多年轻作家都非常欣赏他的作品。高更顿时被大家激动地团团围住。我们之前就认识丹尼斯和塞律西埃，你就是高更吗？就是那个……还有那个……的创作者。他大吃一惊，原来在自己缺席的这段日子里，人们对他的共情度如此之高。他终于得到了认可……"

高更不断结识文艺圈子的人（让·朵伦、朱利安·勒克莱克），直至接触到围绕《法国信使》这一权威刊物形成的文学群体，其中就包括总编阿尔弗雷德·瓦莱特及其妻子拉希尔德。因缘巧合之下，他还为拉希尔德的作品《死亡夫人》绘制了插图。此外，高更经常会造访伏尔泰咖啡馆（奥德翁广场），并在那里结识了查尔斯·莫里斯、让·莫雷亚斯、罗多尔夫·丹扎兹、儒勒·列那尔、亨利·德·雷尼埃、埃杜阿·杜雅尔丹、魏尔伦、莫里斯·巴雷斯和保尔·福尔。这些文艺圈的好友为高更带来了新的收入，如福尔就邀请高更参与自家剧院的演出。

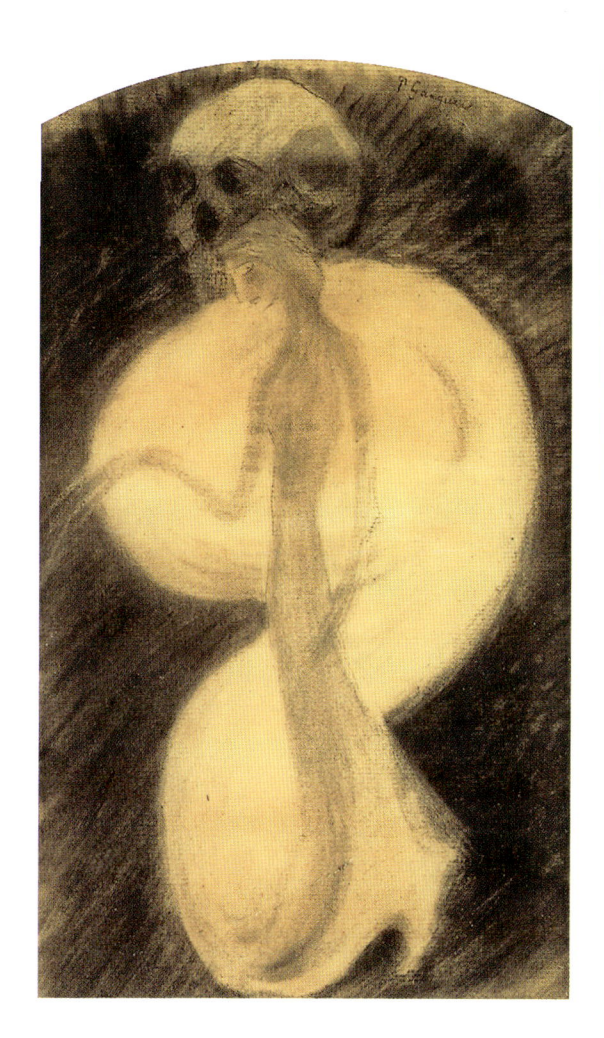

《死亡夫人》
Madame la Mort
现收藏于法国巴黎奥赛美术馆

这是一幅别具一格甚至独一无二的作品，是高更为拉希尔德的著作《死亡夫人》（1891年）所绘的插图。拉希尔德是《法国信使》杂志创始人瓦莱特的妻子，也是一名多产作家。她在作品中向读者揭露了大量的丑闻，震撼了"世纪末"的文坛。此时的高更摆脱了自己惯常的创作风格和大溪地背景，宛如一位象征主义艺术家（周围的人也希望将他归入此类），借鉴了卡耶尔作品中那充满隐喻的形象、蜿蜒曲折的构图及混浊动荡的氛围。几年后的1902年，高更在打造木雕作品及其对应的草图时，还会用到这种风格。

更重要的是，高更还在罗马街著名的"星期二沙龙"上结识了马拉美。那是一片诗学精神炽烈燃烧的实验场，安德烈·纪德曾用十分生动的语言详细描绘了马拉美的沙龙：亲切而又自信的马拉美倚靠在壁炉旁，语气平和地畅所欲言，看上去仿佛在梦呓一般。马拉美太太与一众朋友（皮埃尔·路易斯、雷尼埃、瓦雷里）十分熟络，他们温柔可爱的女儿吉内薇芙为大家端来高脚杯装的格罗格酒或是几杯茶。

高更的故事

《国王的妻子》
La Femme du roi
现收藏于美国芝加哥艺术学院

《女人、动物与树叶》
Femme, animaux et feuillages
现收藏于美国芝加哥艺术学院（印刷与绘画俱乐部捐赠）

在这样一派富裕舒适的氛围之中，高更显得有些格格不入。周遭的束缚让他有些拘谨，遣词用句上也颇显空灵飘逸。他对马拉美怀抱着稍带羞涩和腼腆的敬佩，这份近乎神圣的景仰被他体现在一幅为马拉美创作的雕刻肖像之中，其间特别融入了马拉美翻译的爱伦·坡作品《乌鸦》及波德莱尔元素。与此同时，他亦通过这种方式向《乌鸦》的插画作者马奈致敬。

这样的高更是一位文明开化的市民，重拾激情、风趣幽默甚至懂得自控。而身处阿旺桥或普尔杜的他则以大师自居，向年轻后辈侃侃而谈，俨然一幅引路人的模样。

安德烈·纪德和福楼拜都曾造访布列塔尼，纪德更是曾与高更等人同桌就餐。后来，他回忆道："他们看上去一点也没有被我打扰，完全不觉得局促不安。三个人都光着脚，衣冠不整、声如洪钟。每到晚餐时间，我就憋得很难受，一边听着他们高谈阔论，一边想插进去说上两句。我很想结识他们，很想告诉这个眼神清澈的大个子，他声嘶力竭地高唱、其他人齐声附和的这首曲子并不是马斯奈的作品，而是比才创作的。后来我在马拉美那里再次遇见了其中的一位：那就是高更。剩下的两人中有一位是塞律西埃，还有一位我不太确定，或许是菲利热……"

文学领域

《诺阿-诺阿》
Noa-Noa
现收藏于法国巴黎卢浮宫

  阿尔弗雷德·雅里则曾专程前往阿旺桥拜访高更。那时的雅里还很年轻，并不知名，正在创作《愚比王》。但他已经对"与艺术相关的事情"产生了兴趣，还在《艺术随笔》杂志上发表过一系列文章。他通过诗歌表达了对高更的崇敬之情，其中一首收录在《忆沙的瞬间》，灵感源自《拿斧头的人》。

  除了高更自己，他的朋友奥里埃和莫里斯也竭力帮助高更与文学界牵线搭桥建，并组织了一些在他们眼中颇有意义的活动。当时的新闻写道："两项意义非凡的艺术活动同时举行。就在易卜生的《人民公敌》于巴黎上演的当天，高更的大溪地绘画与雕塑作品展隆重开幕。无论在作品剧院还是杜兰德-卢埃尔画廊，上演的其实是同一场剧目。易卜生用一种悲剧的形式，展现了一个对我们而言崭新的国度里一位为真相抗争之人的故事，过程新颖而简约。高更呈现的是一种十分相似的悲剧，他在其中既是主角也是作者。为表达自己对艺术真相的追求，他选择了一个国度、一处背景、一个西方世界一无所知的民族，进而在自己设定的氛围之中自由演绎，将自己对美的梦想自然而宏大地展示出来。"

高更的故事

《什么，你嫉妒了？》
Quoi, tu es jalouse?
现收藏于俄罗斯莫斯科普希金博物馆

画中两名年轻女子正躺在沙滩上聊着天，她们的原型很可能都是塔哈玛纳。高更曾详细解读了这幅画，他说："在沙滩上，两姐妹游完泳后如动物般优美地躺着休息；她们聊着自己昨天的情人和明天的征服对象。什么，你嫉妒了？"那时的高更正处于对伴侣爱意正浓的阶段，这幅作品通过对赤裸身体、大胆姿态及美妙曲线的描绘表达了他肉体的愉悦与性爱的满足。画中人物的状态还与同一空间的水面动态及花样波纹遥相呼应，共同营造出幸福天堂的完美场景，亦即这幅画的核心主题。

病态美：从蒙克到劳伦斯
La beauté malade De Munch à D.H. Lawrence

在高更的视角中，女性具有动物的某种姿态，优雅、柔美且细腻。他通过灵活流动的身体曲线赋予人物力量与温柔的气质，营造出人与自然和谐共处的氛围。不同于学院派画家笔下的女神，高更笔下的女性绝无繁复的装饰，而是与她周围的自然环境融为一体。

女人的体貌在纯粹自然的生存空间中似乎回归到最简约的功能。"宽肩窄腰"，高更看待女性，就像观察她的"兄长"树木一样。在高更的作品中，女性的躯体与树木无异，完全呈现出植物的特征。原始的躯体被赋予了极具色情意味的复杂个性，这是西方文明所排斥和抗拒的。但在高更看来，回归本源的躯体，恰恰体现的是宁静而又平和的欲望。

几乎在与高更结识的同一时期,爱德华·蒙克用炽烈且汹涌的单一色调描绘出一位绝望女性的身体。这是一种令人气恼且忧虑到战栗的性感,肉体本身极尽汹涌澎湃,似乎即将呐喊出来,与高更笔下的那份永恒和笃定恰好相反。

　　高更笔下的女性是完全静谧的,不时展现出懒怠感,行动时漫不经心、昏昏沉沉,哪怕身处危险之中,也从来不会退缩到防御状态。因为这种威胁仅限于梦境,仅出现在高更通过添加各种元素呈现的传奇故事里,从不会出现在尚未变质的肉体之中。

　　魔鬼(时常以他的朋友迈耶·德·哈恩为原型)只是一个木偶,是毛利人民间信仰的残余,高更在肉欲旺盛时期常常一笑置之;而蒙克则选用无比强烈的绘画原料将其打造为受刑之人的形象。

高更的故事

《海边的女人》
Femme au bord de la mer (Vahine no te miti)
现收藏于阿根廷布宜诺斯艾利斯国家美术馆

高更对大海主题驾轻就熟,在这幅作品中他并未赋予大海悲剧色彩,也没有强调大海与人类之间深刻的关联,尤其是人类在面对大海威胁时的脆弱。人们在这幅作品中完全看不到库尔贝的视角,也没有任何海难的痕迹。高更赋予大海亲切的感觉,这种亲密无间的和谐透过热情而诱惑的人物表现出来。这是一片充满女性之美的大海,出自关于阳光明媚的世外桃源那些令人神往的随笔与传说,其中的人们无不轻松自在地在大海宛如天堂般舒适的氛围中休憩。该画后来在昂布瓦兹·沃拉尔处展出时,令马蒂斯和毕加索等艺术家大受震撼,其不朽的艺术形象让人叹为观止。

蒙克所表现的,正是劳伦斯所谓的"古老的恐惧",即病态在文化层面与西方世界对身体的描绘相联系。这是一种神秘的恐惧,源自基督教殉道者的受难形象作品:全都是在十字架上的基督庄严形象之下发生的酷刑、伤痕、折磨以及亵渎。宗教形象画的晦涩感在艺术领域迸发出来,许多作品脱离宗教主题,转而将形象浸入它们对道德的病态恐惧。作品中身体呈现出的各种扭曲姿态正是对痛苦和恐惧的记录。

同样也从事绘画艺术的劳伦斯记录下了对这类所谓合法罪行的辩护。他宽恕了行动中的身体,但又透过绘画展现出他作为激进文字创作者的特质,批判多过赞颂。在小说创作之外,绘画显然只是他的副业,但他热衷于以这种方式表达对病态色情的反对,以激起身体由原始欲望引发的冲动。劳伦斯最著名的作品《查泰莱夫人的情人》突破了一切道德偏见与资产阶级礼教的束缚,迸发出高更那种完全的性欲表达。在散文《病态美》中,他揭露出限制绘画艺术中身体表达的巨大恐惧感,并将自己置于这种病态美之中。而高更在远离西方文明的一切羁绊之后,于一片充盈饱和的氛围里成功实现了向野性的蜕变。他追寻的目标与劳伦斯极为相似,即逃到天堂般的"他处"。劳伦斯同样选择运用无拘无束的色情作为武器,但遭到幻想破灭的无情打击。

高更的故事

《欢乐之家的雕刻壁板》
Panneaux sculptés de la Maison du Jouir

现收藏于法国巴黎奥赛美术馆

高更对雕刻艺术的热衷体现在他的各处房舍之上，雕刻装饰是这些住所不可或缺的组成部分，就像当年他自己在布列塔尼乡村看到的情景那样。在创作时，他极为自由地选用偏爱的主题，并且配上题词。一些宗教人物站立于内容丰富的装饰背景之前，天堂中的茂盛植被随处可见。高更还在壁板上刻上了题词，这是他向来访者（尤其是女访客们）的致辞："保持爱意，你就会感到把酒言欢、彻夜不眠，仿佛回到了阿旺桥的那种友好氛围之中。通往卧室的大门边框装饰小号了他最多的心力，几近浮夸的设计令人想起某种宗教发愿方式。""愉悦""保持神秘"。题词位于正门显眼位置，颇为醒目。"欢乐之家"几个字的字母雕刻清晰，与古罗马时期的题词风格一致。深度统一的感觉凸显出整体韵味，画面与文字间的关联充满力量，造型设计上的简约风格更是令人惊叹。每块木板之间人物与文字显而易见的联系同人们在寺庙入口处所见的完整匾额如出一辙。而高更设计的这处"寺庙"，则是爱与愉悦的所在。整座房舍都旨在刺激那些大惊小怪的看客。也正是这份急迫却又鲜有攻击性的宁静，坚定了他人生最后几年直至生命陨落之前的信念。

欢乐之家
La Maison du Jouir

如果说高更在大溪地岛的第一间房屋只是出于实际居住的需要，那么他在马克萨斯群岛阿图奥纳的那间屋舍就堪称是一件真正的艺术品。仿佛置身纯净伊甸园之中的高更，用激情与独属自身的逻辑方式打造了这片宁静的世界，并将其命名为"欢乐之家"。

对这方世外桃源的描述主要出自维克多·谢阁兰[18]。1904 年，他恰好途经马克萨斯群岛，并于高更去世后不久造访了这处屋舍，（满怀敬仰地）收拣起屋内装饰的部分碎片。这也是高更这一伟大作品唯一流传下来的痕迹。

房屋的二楼有很大一片空间被用作画室，而卧室则需要穿越创作区域才能到达。卧室内布置有一系列色情摄影作品，画室内则凌乱地摆放着高更的私人物品，包括他的一些乐器，如风琴、竖琴、吉他、曼陀林。

房屋的底楼用竹编隔板进行区隔，设有小推车车棚、雕塑工作室、厨房以及中央面朝大自然的饭厅。他喜欢在晚上邀请邻居前来把酒言欢、彻夜不眠，仿佛回到了阿旺桥的那种友好氛围中。通往卧室的大门边框装饰用去了他最多的心力，几近浮夸的设计仿佛某种宗教发愿方式。

　　高更将门框设计成柱廊的模样，尽情装点上自己熟知的图像。头部、裸露的人体、动物等形象错落摆放，趣致浮雕与严肃雕刻交相辉映，采用多重方式将神圣同色情完美交织，结合不同背景、混搭不同类型，遵从建筑装饰经典传统，即中世纪时期便开始形成的通过房屋外墙传递信息的功能：告知居住性质、房主品质，并赞颂周围人们及其所在环境的宗教热忱。

　　曾经的丰富装饰留存下来的已所剩无几。当时的高更就像那些辛勤修建大教堂的学徒工一样坚持不懈地打造自己的乐土。上帝之家也好，欢乐之家也罢，展现的都是高更那颗纯粹的艺术家之心。这是一处个性鲜明的家。

18　译者按：维克多·谢阁兰（Victor Segalen，1878年—1919年），热心的考古学家、作家，多位象征主义画家和作家的好友，高更的狂热崇拜者。

高更的故事

《海边的女人》
Femmes au bord de la mer
现收藏于俄罗斯圣彼得堡冬宫博物馆

该作品于 1903 年在沃拉尔的画廊展出。高更在这幅作品（创作于 1899 年）中达到了综合主义精神的完美顶峰，并就此逐步迈向去除一切轶事细节的纯粹绘画方式。而这也正是未来绘画艺术的发展方向，就连毕加索也深受其影响。

迷宫之底
Au fond du labyrinthe

第一次前往大溪地岛的旅程只是高更发现自我的开端。当时，他并没有从中看到探索的尽头或终点，只是想在那里创作大量的新作品，再将它们带回法国。换言之，大溪地岛成了高更创作的乐园，为他提供了丰富多彩的主题，而他那绚烂的色彩及大胆地构图也在那里找到了归属，让他得以随心所欲、游刃有余地作画。此外，在大溪地岛，高更广阔的视野与品位也得到了满足。当时的他与印象派藕断丝连，为了摈除杂念，他义无反顾地投身于大自然之中，尝试用不同的方式进行创作。在阿旺桥逐步形成的风格最终于大溪地得到了淋漓尽致的展现。

第二次大溪地之旅的意义则截然不同。他迎来了终极挑战，面对着全新的冒险征程，并终于意识到自己与西方世界的格格不入。再度踏上大溪地的土地时，高更很快便发现自己裹足不前，只是在重复过去。或许，他还曾担心过自己是不是已经开始退步。他成了一位已然形成自己惯常风格的画家，找到了属于自己的主题，却也不再深入而积极地挖掘和探索了。

大溪地之外的高更，似乎困在了殖民主义与进步历程之间，这也促使他最终迈出了登陆马克萨斯群岛的步伐。就像希腊神话中的忒修斯一样，他也将在那里遇到自己必须面对的牛头怪。换言之，马克萨斯群岛是属于高更的迷宫与镜像。

高更的故事

《野蛮人童话》
Contes barbares
现收藏于德国埃森弗柯望博物馆

在这幅画中，充满丰腴恬静之美的女性形象与同魔鬼无异的邪恶形象形成了强烈的对比，营造出了一种有趣的戏剧效果。画中的男子形象带有他的画家朋友迈耶·德·哈恩的影子。高更和哈恩在普尔杜旅舍共同度过了一段多产的创作时光。在高更的笔下，哈恩代表着满身缺点的欧洲人，而两位呈现佛教坐姿的女性则代表着智慧，不同文化符号出现在同一个画面中，既冲突又和谐。高更通过这些手法赋予作品新的文学内涵及象征意义，同时透过丰饶富裕的生活场景展现出大溪地岛如天堂般的美丽，为观者打造出了一个野蛮人的童话。

悲伤的热带地区
Tristes tropiques

　　逃离欧洲的高更让西方人知道了大溪地岛。他认为自己在大溪地岛找到了纯洁原始（与野性）的生活状态，或者说远古黄金时代的状态。于是，他在作品中加入虚构情节，赋予出场人物伊甸园式的环境及状态。尽管他心里明白，大溪地原始的美好正在为现代社会的邪恶所侵蚀和破坏。以神父、宪兵、官员及商贩为代表的殖民文化彻底玷污了这片长久以来一尘不染的世外桃源。

　　但高更还是以亚当和夏娃被逐出天堂的故事为灵感进行创作，他将大溪地岛的场景搬进了《圣经》之中，以周围熟悉的人物作为创作对象。他在这一时期的作品都传递出相同的信息，那就是伊甸园里不再充满愉悦，而是弥漫着忧伤。

　　此时的大溪地岛显然已经无法满足高更的需求，就像曾经离开阿旺桥前往普尔杜一样，高更这次选择离开大溪地岛，搬到马克萨斯群岛居住，继续自我放逐。因为，他认为马克萨斯群岛与想象中的人类起源之地最为相近。马克萨斯群岛位于太平洋中南部，仍原汁原味地保留了当地的景致和民俗，这让它成了很多艺术家的避风港：史蒂文森曾到访此地，梅尔维尔也在《泰比》中描述过岛上的风景。

高更的故事

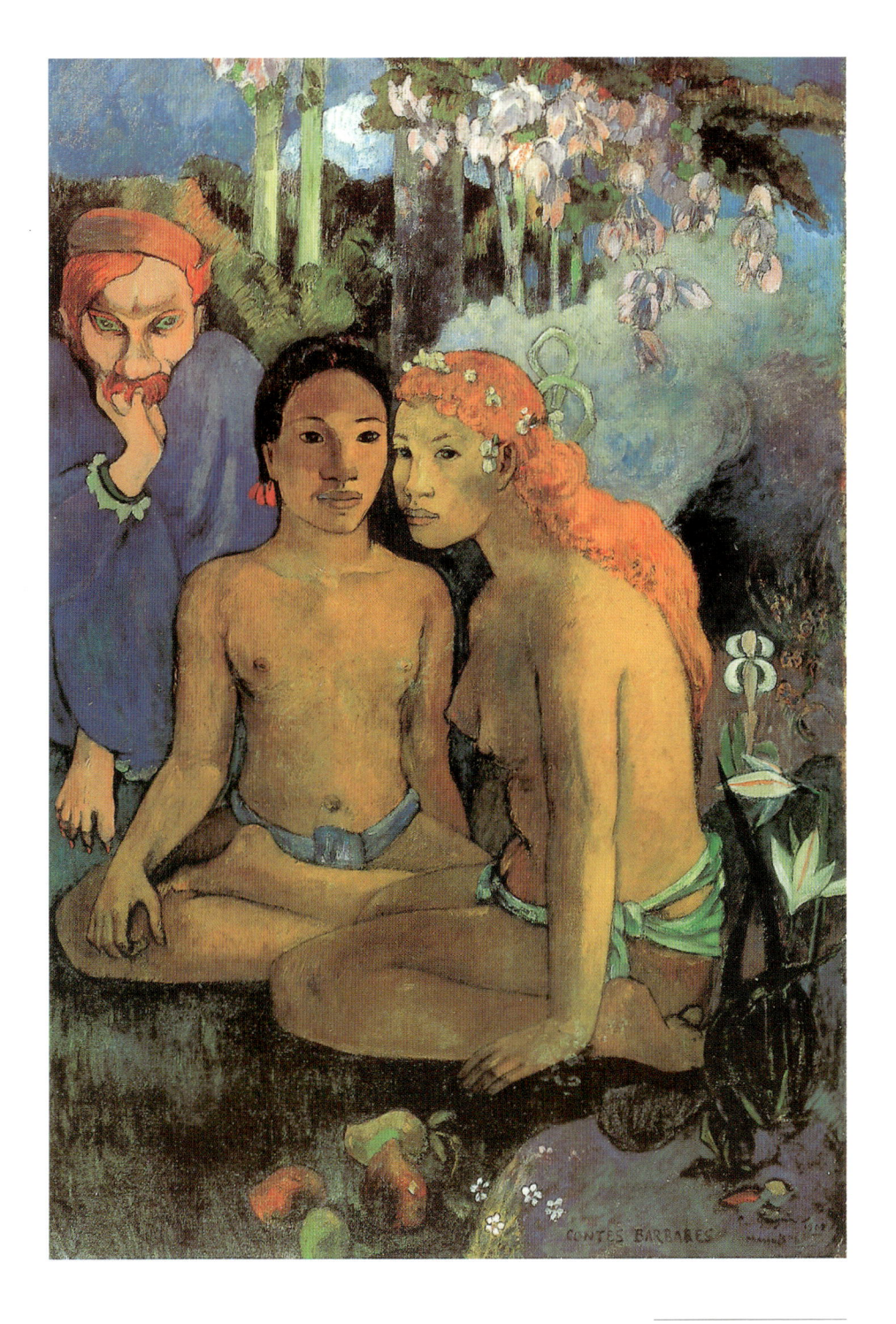

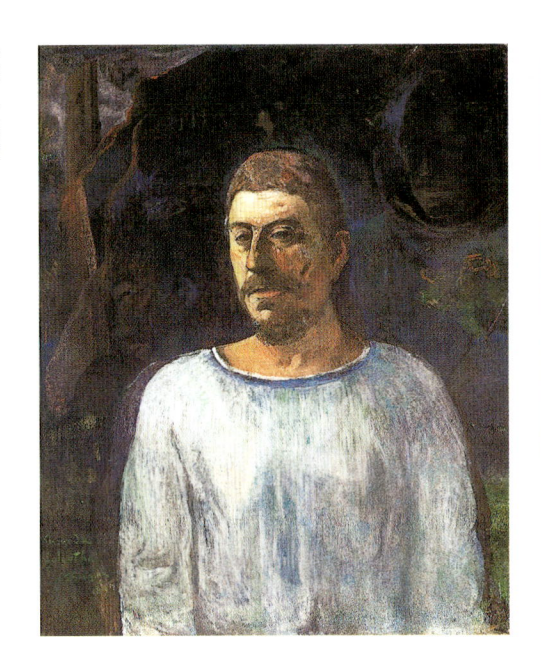

《自画像：临近受难地》
Autoportrait près de Golgotha
现收藏于巴西圣保罗美术馆主展厅

在高更众多形态各异的自画像中，这是最哀婉动人、简洁干净的一幅作品，完全表达出了高更的悲伤之情。这幅画是高更去世后，维克多·谢阁兰在其画室发现的。画中的人物充满宗教献祭意味，让人不禁联想到充满光辉而又大彻大悟的基督受难画面："在一片遥远异想世界的苦难之中，他挺起强壮的胸膛，高昂头颅，紧抿嘴唇，双目低垂。"高更似乎已经预见了自己的死亡，谢阁兰回忆道："自高更来到岛上定居之日起，也就是他去世前的12年，他便开始考虑死亡，不是想象的死亡，而是自己的死亡。因此，他这最后12年的人生可谓充满悲剧色彩，其赴死的决心显得异常美好。"

    终其一生，高更都在追求远离喧嚣和人群，希望能彻底地置身于孤独之中，最好一直生活在异想的原始与野性的环境中。因此，当他发现大溪地岛被殖民者的西方文明污染后，他毫不犹豫地与之割裂，转身前往马克萨斯群岛，寻找符合他标准的伊甸园。

    然而，不幸的是，伴随着船舶技术的发展，神父、商贩、士兵和官员四面出击，西方文明很快便势不可挡地入侵了每一片土地，包括汪洋大海中一切可定位的小岛，马克萨斯群岛亦未能幸免。

    这对高更来说无疑是沉重的打击。为表示自己的不满，他组织了一场毫无秩序、缺乏说服力的反动活动，发表了一些幼稚天真的檄文和小册子，但这一切却遭到了当地政府的打压和羞辱。事实上，这并不是高更第一次发起激进的反动行动，早在大溪地岛，他就组织过类似的活动，但结果都是惨遭扼杀。

    诉讼、罚款、被威胁入狱……高更被不断推向绝望的深渊。他的呼救无人回应，孤独感变得前所未有地难以忍受。无论是身体上，还是精神上，高更都陷入了深深的困境，糟糕的健康状况令他奄奄一息。就像很多传奇故事中的主角一样，高更的四肢越来越脆弱，直至分崩离析；他那看似雄壮自负的躯干之下是一对早已腐烂的膝盖。

悲伤的热带地区

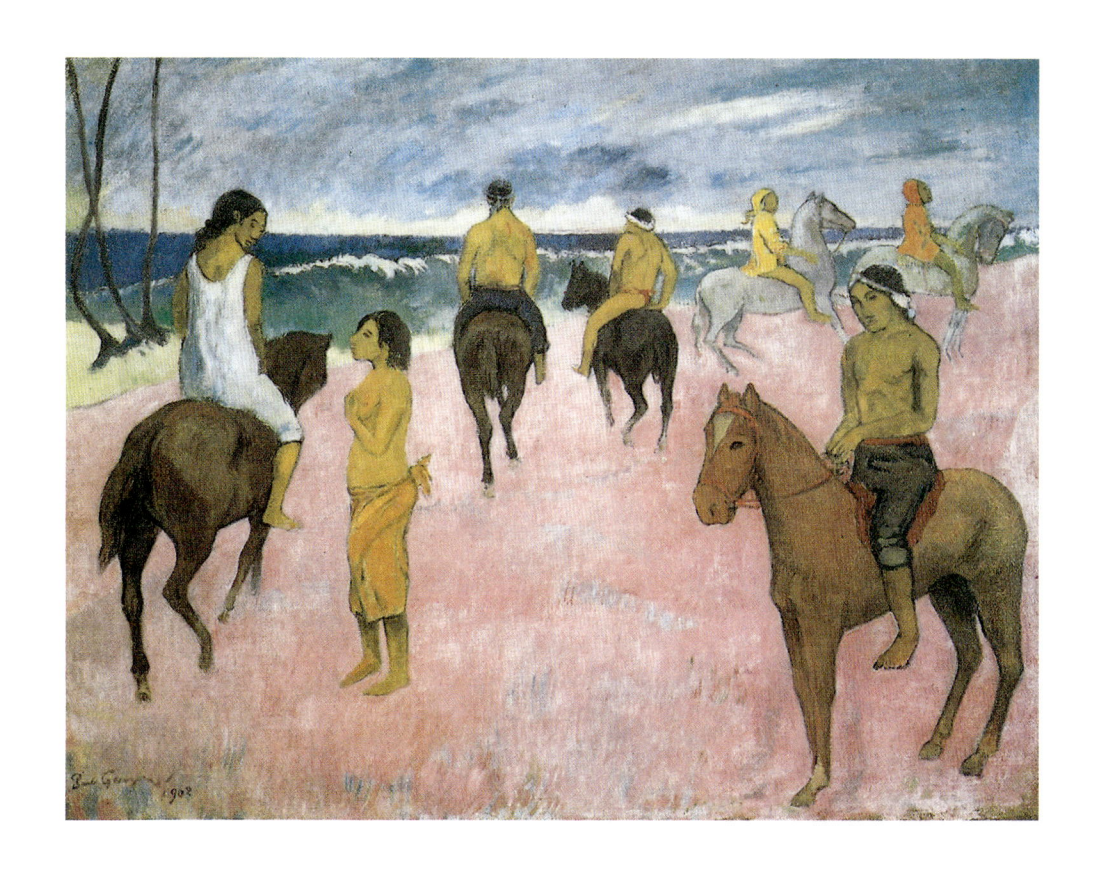

《沙滩上的骑马者》
Cavaliers sur la plage
私人收藏

画中波利尼西亚的景致看起来极为抽象，高更创造了一种民间传说式的画面，即完全虚构一处空间和一种传统行为，从而令现实世界彻底消失。这种表现手法实际上源自皮维·德·夏凡纳，但大部人还是会联想到德加的名作《龙骧赛马场》。在德加的作品中，人们神态各异，以各种不同的姿势骑在马背上。相较而言，高更笔下的沙滩更加抽象，也为观者提供了更多想象的空间。

高更的故事

《手拿芒果的女人》
Femme au mango, Vahine no te vi
现收藏于美国巴尔的摩艺术博物馆（克拉里贝尔与埃塔·科恩藏品）

塔哈玛纳在这幅作品中的形象是耀眼且充满智慧的。与高更创作的其他接近神明象征的宗教形象相反，这幅画中的人物拥有丰富的生活经历，其外表更是意外的清新与迷人。画面饰以浓重的黄色背景，花朵图案令人物看似别扭而又果敢的姿态变得和谐平衡。在这幅作品中，高更展现出了无与伦比的天赋，他可以让看似平平的人物绽放出灿烂的光辉。

荣耀背后的风险
Les aléas de la gloire

过度消费某件作品会摧毁作品的意义，继而令其真实的本质不复存在。一只巧克力盒盖上的蒙娜丽莎画像，与马塞尔·杜尚笔下长出小胡子的蒙娜丽莎别无二致。高更的作品也没能避免被恶搞的命运。随着电视上问答类节目的兴起，这种乏味的恶搞方式满足了人们幼稚的文化猎奇。

尽管这种猎奇大大提升了高更及其作品的声望，却也歪曲了高更的本质。他笔下的裸体少女们成了青春期少男和单身卡车司机墙壁上最受欢迎的海报主角。他曾经创作的女神形象出现在各种骄奢淫逸的海滩边，满足着游客们对色情千篇一律的意淫。没有多少作品像高更的经典那样遭到如此严重的意义篡改。

这样的现象似乎与高更面对社会时极为暧昧的态度息息相关。此外，他的创作方式极其复杂，横跨两个相互矛盾、相互拉扯的时代，涉及几股对立的力量（孤独与金钱、成功与对绝对意义的追寻）。高更那富有颠覆性的活跃艺术思想在面对前卫派的拥趸时栽了跟头，遭遇同样命运的还有塞尚和凡·高。但后两位画家的作品没有出现如此严重的扭曲和变形，创作的首要意义并未过多地被破坏。

高更的故事

《你何时结婚？》
Quand te maries-tu?
现收藏于瑞士巴塞尔美术馆（鲁道夫·斯塔克林藏品）

该作品的创作时间与《手拿芒果的女人》（参见第199页）相近，被认为是高更最杰出的画作。在画中，高更用简洁的笔触勾画出波利尼西亚之魂，将波利尼西亚女性卓越而性感的魅力展现得淋漓尽致。该作品曾在杜兰德–卢埃尔组织的一次活动中展出。对这幅画，高更报以了极大的希望，因为他自己也明白，这便是他能呈现的魅力之巅峰。直至今日，仍有很多人争相临摹这幅杰作。

　　高更与绘画艺术之间的关系是专断的，同时结合了主观情绪与永恒元素。他在象征主义画派中的先锋位置并不能完全从其作品中展现出来。高更的作品强调生命的明确存在；而象征主义的大部分画家采用的手法都是摆脱现实，将个体置于神秘的氛围之中，呈现梦幻的非现实以及空灵而又不切实际的自然。

　　高更深陷于一种特殊的环境里，他不想被错误地看成是异域风景的追寻者。他真正追求的，是一种逃离的逻辑、一种精神秩序的探索。他需要一处无人知晓的所在（并非完全出于想象），充分展现去除一切糟粕冗余的人物形象。这些纯粹虚构的人物代表着最纯粹和透明的梦境，高更通过这一幅幅类似的作品激进地与令人窒息的现实作斗争。

　　有的人从高更作品中看到的是各式各样的色情表达，但实际上他创造的是全新的神话，他笔下的人物来自那个并不存在的"他处"。

荣耀背后的风险

高更的故事

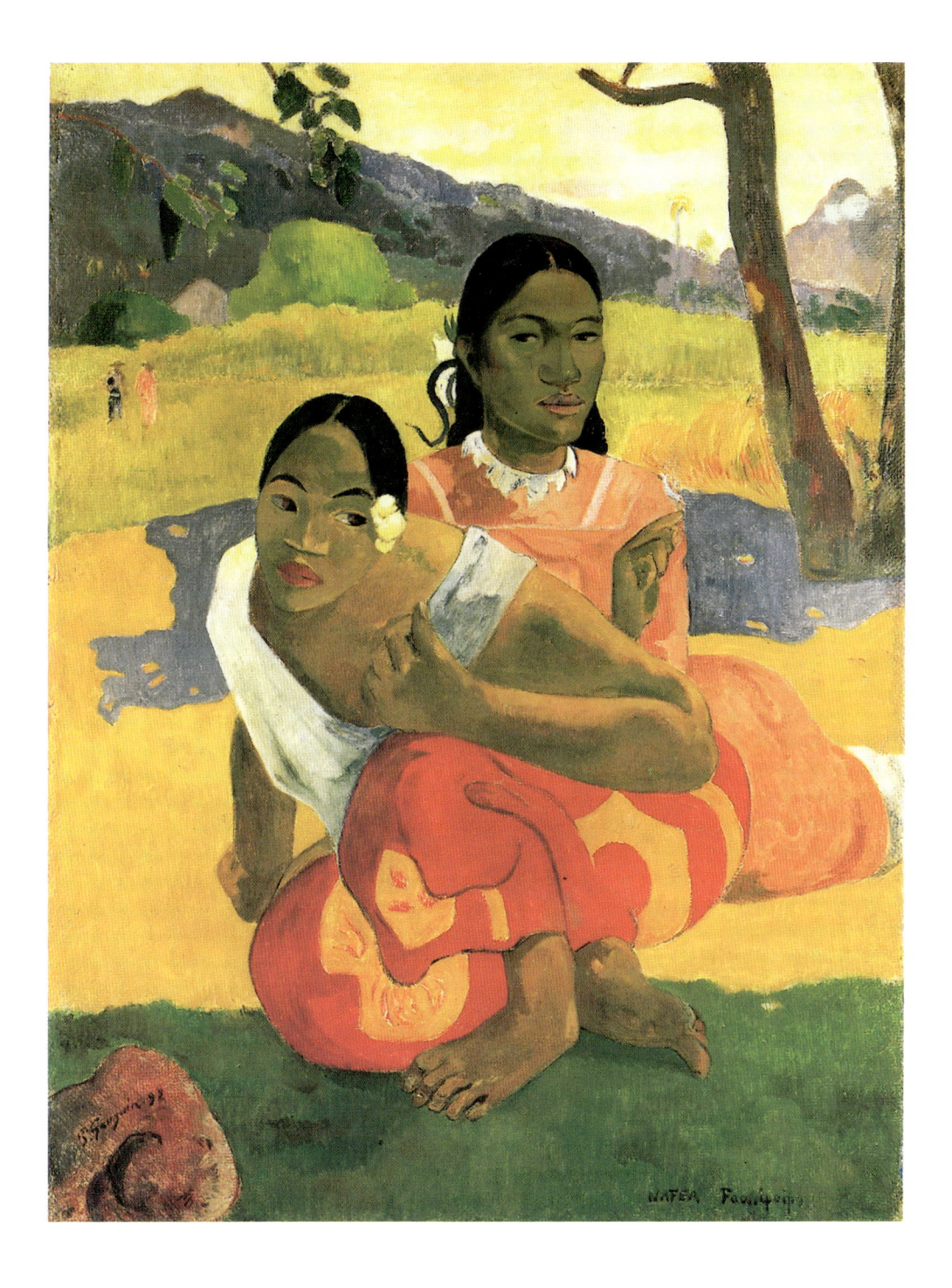

大事年表

Chronologie

1848 年： 保罗·高更出生于巴黎罗莱特圣母院街 52 号（今为 56 号）。父亲克洛维是《民族报》的一名记者，母亲名为艾琳·玛丽。外祖母为社会主义活动家及作家弗洛拉·特里斯坦（1803 年—1844 年）。

1849 年： 7 月 19 日，高更于罗莱特圣母院受洗。8 月 8 日，高更一家（克洛维、艾琳、高更及 1847 年出生的姐姐玛丽）于勒阿弗尔登船前往秘鲁。高更的父亲在抵达麦哲伦海峡后去世。高更年轻的母亲带着两个孩子投靠在秘鲁利马的舅公唐·皮奥·特里斯坦·莫斯科索（1856 年去世）。

1854 年： 艾琳带着孩子们回到法国，定居在高更祖父位于奥尔良杜代尔河岸 25 号的家中。高更时常前往一家位于圣梅曼礼拜堂地区的私塾学习。

1855 年： 高更的祖父基约曼去世，叔父伊斯多尔成为高更的监护人。

1861 年： 艾琳迁至巴黎昂丹道 33 号居住，以裁缝工作为生。

1864 年： 高更从奥尔良高中毕业。

1865 年： 艾琳迁往阿韦尼尔村罗曼维尔公路和平街 3 号居住。她写下遗嘱，将自己的家具等财产留给玛丽，其他事物留给高更。居斯塔夫·阿罗萨自 1862 年起成为高更的监护人。高更以见习舵工的身份登上卢兹塔诺号前往里约热内卢（全程耗时三个月零二十一天）。

1866 年： 再度乘坐卢兹塔诺号远行。艾琳迁至圣克卢（安养院街 2 号）的一处新居。10 月，高更以少尉头衔登上智利号：航行路线为卡迪夫、瓦尔帕莱索、伊基克（秘鲁）、阿里卡（智利）。

1867 年： 7 月 7 日，艾琳于圣克卢去世（高更在航行途中得知这一消息）。

1868 年： 高更入编瑟堡分部三等水兵，被分配至拿破仑三世堂兄普隆-普隆的私人游船热罗姆-拿破仑号上工作。于地中海及黑海巡游，经停伦敦。

1869 年： 热罗姆-拿破仑号再度于地中海巡游（经停巴斯蒂亚、那不勒斯、科孚岛、的里雅斯特、威尼斯）。高更与姐姐玛丽继承了母亲及祖母的财产。

1870 年：继续在热罗姆-拿破仑号上工作的保高更船驶往北角，跨越北极圈，并于普鲁士宣战之时回到加来。此后，这艘皇家游船更名为德塞号，用于出海作战。

1871 年：艾琳的故居在战争中被摧毁。

1872 年：高更居住于拉布吕耶尔街 15 号。阿罗萨推荐他进入拉菲特街 11 号的保罗·贝尔丹证券交易所工作。在证券交易所，他结识了年轻的艺术家埃米尔·舒弗内克。同时，高更在阿罗萨家中见到了丹麦姑娘梅特·盖德（与玛丽·海嘉德合住于巴黎），并对她一见倾心。

1873 年：11 月 22 日，高更与梅特结婚。婚后，两人定居于圣乔治广场 28 号。

1874 年：高更的大儿子埃米尔出生。梅特的妹妹英格堡·盖德与画家弗兰茨·陶洛结婚。

1875 年：高更夫妇迁入夏约街 54 号的新公寓居住。

1876 年：高更首次在画展（于维洛弗雷的树林中）上展出作品，并从贝尔丹证券交易所辞职。

1877 年：迫于经济压力，高更夫妇不得不搬离夏约街的昂贵公寓，迁往"遥远的沃吉哈赫区"，居住在雕塑家布约位于弗尔诺街 74 号的家中。后者将高更引入了他的模型艺术世界。12 月 24 日，阿丽讷·高更出生。

1878 年：阿罗萨艺术藏品于德鲁奥拍卖行出售，藏品目录由菲利普·波尔蒂撰写。

1879 年：高更受雇于勒普勒蒂埃街 21 号的银行家安德烈·布尔东。受毕沙罗和德加之邀，高更携自己的一件雕塑作品参加了第四届印象派画展。就此，高更打入了印象派群体，时常会前往皮加勒广场的新雅典咖啡馆参加聚会，并在那里结识了马奈、德加、雷诺阿、毕沙罗、杜朗蒂等印象派画家。尽管他本人个性张扬、容易冲动，但在艺术家的聚会上却显得很低调。同年，高更的第三个孩子克洛维出生。

1880 年：高更参加第五届印象派画展，展出了《隐修院的苹果树》《沃吉哈赫的菜农》《雪景》《静物》《杜潘神父的小径》《习作》《蓬图瓦兹的农场》以及一尊大理石半身雕像。同年，高更再度搬家，迁至沃吉哈赫地区的卡尔塞勒街 8 号。

1881 年：杜兰德-卢埃尔购入高更创作的《风景画》《乡村教堂》《花园一角》。高更则买下了一幅马奈作品、两幅雷诺阿作品及两幅容金德作品。高更携十件作品参加第六届印象派画展，如《沃吉哈赫的一夜》《我居住的土地》《落叶》《鲜花与地毯》《在椅子上》《制作花束》《裸体习作》《小苔藓》《女歌者》《散步的妇女》。让·勒内出生。杜兰德-卢埃尔购入高更新作《夜景》。

1882 年：法国总联邦银行破产，引发全球股市危机。夏普莱的陶瓷工坊落户于高更家不远处，令高更开始对陶瓷这一新技艺产生了浓厚兴趣。印象派内部矛盾不断。第七届印象派画展勉强举行，高更携 12 幅画作（《鲜花》《沃吉哈赫教堂》《花园一隅》《分隔墙》《小梦境》《窗边》《鲜花与地毯》《婴儿》《柑橘》《小嬉戏》《燃气厂》《墙角》），以及一件克洛维的半身雕像参展。高更打算辞职，全身心投入绘画艺术。

1883 年：居斯塔夫·阿罗萨和高更景仰的画家马奈去世。毕沙罗邀高更前往自己位于奥尼的家中小住了三周。高更积极参与西班牙革命运动，站在激进共和派一方（前往位于西班牙边境的法国小镇塞尔贝尔）。高更寻找新工作，并于毕沙罗相约在鲁昂见面。波拉出生。

1884 年：高更定居鲁昂（马勒尔贝小巷 3 号）。为支持激进共和派，高更前往法国南部，途经蒙彼利埃，参观了当地的博物馆（纪念库尔贝）。高更将七幅画作（《疗养院花园》《病人丘》《厄尔蒙葡萄园》《废弃的花园》《园丁家中》《白色房屋》《北方街》）寄存于杜兰德-卢埃尔处。再也无法忍受颠沛流离、贫困潦倒生活的梅特，带着阿丽讷和刚出生不久的孩子于 7 月前往哥本哈根。8 月，高更参加了鲁昂美术展，展出了色粉画《斯堪的纳维亚女人》和半身雕像《梅特》。9 月，梅特回到高更身边。10 月，梅特"带上孩子和家具"再度离家。11 月，高更取道克里斯蒂安尼亚前往哥本哈根与梅特会合。他找到了一家篷布制造公司销售代表的临时职位，并于 12 月安排全家住进过往街 105 号。为贴补家用，梅特开始担任法语家教，为富人家的孩子上课。

1885 年：高更在写作方面始终兴趣不减，他购入一本小记事本用来撰写《综合笔记》。他被迫将自己收藏的马奈作品经玛丽·卡萨特之手出售，并参加了"艺术之友"协会组织的一场丹麦艺术家展览。6 月，由于无法忍受妻子娘家人的恶劣态度，他在儿子克洛维的陪同下返回巴黎。高更在经济上无以为继，不得不将自己收藏的一幅雷诺阿作品和一幅马奈作品转手卖给了杜兰德-卢埃尔，并暂住在舒弗内克位于布拉尔街 29 号的家中。7 月，高更前往迪耶普小住。他与当地以雅克-埃米尔·布兰奇为首的知识分子圈格格不入。夏季，高更在伦敦短暂停留，并被大英博物馆内的埃及艺术品深深吸引。回到巴黎后，他借住在朋友法夫尔位于佩尔多内街19号的家中。10月，高更在卡耶街10号找到了一间小公寓。由于经济拮据加上儿子患病，为维持生计，他被迫成了一名广告张贴工。

1886年： 高更参加第八届印象派画展，参展作品包括《静物》《休息中的奶牛》《水中的奶牛》《池塘一角》《柳树林》《农场附近》《冬景》《英格兰城堡》《教堂》《鲁昂风光》《苹果之前》《浴女》《鲜花》《幻想》《鲁昂马路》《丹麦公园》《对话》《农场小道》《峭壁》《肖像》，以及归毕沙罗所有的作品《梳洗》。在雕刻家布拉克蒙的引荐下，他结识了陶艺师夏普莱，并很快与其携手展开创作。7月，高更前往阿旺桥，居住于格洛内克膳食公寓。高更结识画家欧仁·拉瓦尔及埃米尔·伯纳德，两年后，他才开始与两人密切往来。高更拒绝参与独立派沙龙展，认为那是"修拉及其同伙的领地"，转而于极为低调地在南特美术展上展出作品《鲁昂教堂》及《丹麦公园》。10月中旬，高更返回巴黎，居在勒库尔伯街257号，于夏普莱工坊工作。不久后，高更与德加和解，此前德加曾在高更途经迪耶普时对其进行羞辱。在新雅典咖啡馆，高更与西涅克及其老友毕沙罗闹翻，因为两人均加入了点彩派（即新印象派）。高更对该画派深恶痛绝，并且十分嫉妒修拉因此在艺术界赢得的巨大成功。

1887年： 高更与德加和赞多蒙内奇共同担任朋友基约曼的证婚人。由于高更无法承担克洛维的教育支出，梅特前来将其接回身边。她同时带走了高更的部分作品，并于此后在哥本哈根进行宣传推广。高更想要离开与自己格格不入的艺术圈，于是同查尔斯·拉瓦尔一道，于4月在圣纳泽尔登船前往巴拿马。5月，高更囊中羞涩，只能在巴拿马运河工程中干苦力活，攒够旅费后，他和拉瓦尔决定前往马提尼克岛（6月中旬、10月），后于11月回到法国。高更居住于舒弗内克家中，在此结识了后来成为其密友之一的丹尼尔·德·孟佛瑞德，同时与凡·高交换了一幅画作。他的几幅作品在布索特-法拉东艺术画廊寄卖。他还从该画廊的管理者提奥（凡·高的弟弟）处购入了油画《洗浴者》。

1888年： 提奥来到舒弗内克家中拜访高更，并购下其三幅马提尼克主题作品，其中就包括《手拿芒果的女人》。2月，高更再度前往阿旺桥。3月，凡·高邀请他前来阿尔勒同住。提奥为促成其来到阿尔勒居住，提出了相当诱人的条件：每月150法郎报酬创作一幅画。高更在犹豫期间居住在朋友、海关长伊夫-玛丽·雅各布位于普雷斯丹-雷格莱弗的家中。从马提尼克归来的拉瓦尔及埃米尔·伯纳德来到阿旺桥与高更碰面。高更结识伯纳德的妹妹玛德莲娜，此后还为其创作了一幅肖像画。高更与凡·高交换了一幅肖像画，高更用于交换的作品名为《悲惨世界》。10月，他于爱之林指点塞律西埃创作了一幅小型油画《护身符》。该作品后来成为纳比派艺术家（伯纳德、维亚尔、罗塞尔、丹尼斯）争相效仿的对象。10月21日，高更离开阿旺桥前往阿尔勒。同年，他将几幅作品售与布索特-法拉东艺术画廊，包括《布列塔尼女人》《德鲁的田野》《马路边的水塘》《牧场与两只狗》《阿旺桥景色》《布列塔尼渔民》。他与凡·高的关系迅速恶化。在某次受到后者袭击后，他动身回到巴黎（10月中旬），避免造成不可挽回的后果。

1889年： 高更于圣戈达尔街16号租借了一间工作室，并参与了布鲁塞尔的第二十届印象派画展，参展作品包括《手拿芒果的女人》《交谈》《布列塔尼风光》《布列塔尼女人与小牛》《牧羊男女》《草坪上的斗士》《布道的幻觉》《酷热》《人类的苦难》《本堂神父住宅》《农舍》《"轮到你了，美人儿"》。2月，高更再度前往阿旺桥，在世博会期间与舒弗内克共同于沃尔皮尼咖啡馆中举办画展，参与者多为印象派和综合派，包括查尔斯·拉瓦尔、莱昂·福歇、路易斯·安克坦、丹尼尔、埃米尔·伯纳德、路易·罗伊、内莫。高更出版了一本石版画册。6月，高更在阿旺桥选择远离不入流的艺术家群体，转而于勒扎文找到一处画室，随后又和塞律西埃一同住在普尔杜的玛丽·亨利旅馆。高更与迈耶·德·哈恩紧密合作。7月，高更回到阿旺桥，居住于格洛内克旅馆，并于弗尔尼克农场租借了一间画室。10月，高更再度来到普尔杜，与哈恩在大沙滩地区的莫杜伊别墅共同创立了一间画室。安德烈·纪德在途经该地区暂住玛丽·亨利旅馆时，结识了这群艺术家（根据纪德作品《如果种子不死》中的回忆）。大型法国及丹麦印象派画展于哥本哈根举行，高更在展览上大放异彩。11月—12月，高更为玛丽·亨利旅馆的餐厅进行装饰创作。

1890年： 高更回到巴黎，居住于杜朗-克莱街12号（今14号）。高更在布索特-法拉东艺术画廊举办的毕沙罗作品展上，展出了一件陶艺作品。6月，高更与哈恩返回普尔杜，并与塞律西埃和菲利热合作装饰玛丽·亨利旅馆的天花板。7月29日，凡·高去世。11月，高更返回巴黎，借住在舒弗内克家中。但在一次争吵后，高更搬至德朗布尔街35号居住，并在朋友孟佛瑞德处（城堡街55号）展开创作。高更结识查尔斯·莫里斯，开始频繁参加奥德翁广场的"伏尔泰咖啡馆"文学聚会，并由此认识了一批象征主义画家。在孟佛瑞德的介绍下，高更认识了年轻的女裁缝朱丽叶·休特，两人后育有一孩（1891 年 8 月 13 日）。12 月，莫里斯将高更介绍给马拉美。

1891 年： 高更时常前往奥雷里昂·吕涅波、皮埃尔·博纳尔、维亚尔、莫里斯·丹尼斯等人所在的画室（皮加勒街 28 号）。结识《法国信使》报刊主编瓦莱特的妻子拉希尔德，为她的其中一部作品创作插图。在马拉美的引荐下，高更得到了米尔博撰写的一篇评论文章。高更临摹马奈作品《奥林匹亚》（马奈对其创作方法产生了深远影响）。他参与了众多文艺界晚宴，其间结识了尤金·卡里尔（后创作有高更像）、阿尔贝·迈尼昂、莫里斯、儒勒·西勒、弗朗兹·朱尔丹、费利西安·尚索尔。高更于德鲁奥拍卖行出售画作，30 幅作品共拍得 9635 法郎。保尔·福尔在艺术剧院组织为魏尔伦和高更进行筹款的晚会（5 月 21 日于沃德维尔剧院举办）。高更受美术学院官方派遣前往大溪地岛。他于 2 月 1 日在马赛登上大洋洲人号（途经苏伊士、塞舌尔、澳大利亚、努美阿），此后转乘"拉维拉"号。6 月 9 日抵达帕皮提。与其他官员一起参加国王波玛雷五世的葬礼。定居于帕皮提以南 45 千米的马泰亚。

1892 年： 高更身体出现严重不适，入住帕皮提医院接受治疗，同时遭遇财务危机。高更决定返回法国，此时的他已被公认为"象征主义运动毋庸置疑的先驱"。其作品在第二届印象派与象征派画展上展出，组办方同时还组织了一场小型高更回顾展。他的坚定拥护者之一（同时也是凡·高的支持者）、年仅 27 岁的奥里埃去世。

1893 年： 哥本哈根的自由展厅专为高更开辟了一间展室（凡·高亦享受到同样的待遇）。6 月，高更回到法国，租住在于加隆太太的大茅屋街 8 号。加隆太太是夏洛特茶楼的老板娘，高更在此处结识了许多蒙帕纳斯地区的艺术家和作家。高更参加第五届印象派与象征派画展。11 月，杜兰德–卢埃尔为高更举办了一场个人展。德加购入了两幅高更的作品。特迪·纳坦逊为高更撰写了一篇热情洋溢的评论文章。在拉菲特街新开画廊的艺术商人昂布瓦兹·沃拉尔也选择推广高更作品。高更开始撰写《诺阿–诺阿》一书。

1894 年： 高更居住于韦尔辛热托里克斯街 6 号。他成立了一处画室兼画廊，与邻居莫拉尔夫妇建立起友谊。莫拉尔家是大批音乐家、作家和画家的聚会场所。与沃拉尔介绍给他的爪哇女人安娜同居。莫拉尔的女儿朱迪斯爱慕高更，她后来留下了大量关于高更的生动回忆。高更的朋友热诺（大溪地岛时期的助理）前来拜访高更。2 月，高更前往布鲁塞尔参加"自由美学"画展（或称"20 人小组"画展）开幕式，并带来了五幅作品。同年，高更参加了第六届印象派与象征派画展。曾陪同高更前往马提尼克岛的查尔斯·拉瓦尔去世。5月初，高更再度来到阿旺桥。与普尔杜旅馆的老板玛丽·亨利产生纠纷，后者拒绝修复他寄存于旅馆的画作。5月25日，高更在孔卡尔诺与人激烈斗殴后受伤（腿部留下严重创口）。雅里在格洛内克旅馆与高更熟识，并将自己创作的一些诗歌交付与高更。安娜回到巴黎后，趁高更仍留在阿旺桥之际，将其画室洗劫一空。各种官司缠身的高更决定前往"南方大海的怀抱"。人们为致敬高更于"游艺咖啡馆"组织了一场晚会。高更观看斯特林堡戏剧首演，后者是其韦尔辛热托里克斯街画室的常客。

1895年： 1月初，高更前往哥本哈根。2月18日，他邀请斯特林堡在德鲁奥拍卖行为其作品站台。同年，参加全国美术协会沙龙展，将《诺阿-诺阿》手稿留给莫里斯整理成形，将大量作品交给不同的朋友代为出售。6月28日，高更离开法国，途经奥克兰，参观毛利文化艺术博物馆，最终抵达普纳奥亚，按当地特色自行修建了一处茅屋。曾经的女伴塔哈玛纳拒绝与高更同床，因为他的下肢湿疹相当严重。于是，高更找到了一位非常年轻的新女伴，名叫帕胡拉。他刚刚在巴黎知识分子圈赢得认可和声誉，就艰难地徘徊于各家医院之间。

1896年： 4月，高更得知女儿阿丽讷于哥本哈根去世（1月19日）的噩耗。后来，他自行修建了一处新农舍，饰以雕刻壁板。《诺阿-诺阿》在《白色评论》杂志上发表，无配图。高更开始创作"我们从哪里来"系列作品。同年，高更出现多次心脏衰竭信号，深陷沮丧情绪之中，曾试图"在山中"自杀。

1898年： 帕胡拉洗劫高更后离他而去。沃拉尔组织"我们从哪里来？"画展，展出以同名作品为主题的系列画作。

1899年： 高更辞去路政局一处本可糊口的工作。找回帕胡拉，回到因为工作离开了五个月的普纳阿伊小屋。高更专注园艺，培育花卉。儿子埃米尔出生（母亲为帕胡拉）。高更开始与帕皮提当地报纸《胡蜂报》合作，并创立了自己的刊物《微笑》，在上面发起一些虚幻空洞、毫无延续性的论战，仅凭其自相矛盾的冲动行事。

1900年： 高更与沃拉尔签订协议，将自己的版画作品托付与后者。由于身体不适，高更长时间无法作画。

1901 年： 高更再度进入医院治疗。他于《笔锋》杂志发表了《诺阿-诺阿》的部分内容。高更售出自己在大溪地岛的土地，并于 9 月 10 日乘船前往马克萨斯群岛，在希瓦欧阿岛上的阿图奥纳购入一片土地修建新居，即后来的"欢乐之家"，后与 14 岁的大溪地岛女性瓦爱奥相恋，育有一女。

1902 年： 高更撰写长文《现代精神与天主教》，并因此与当地主教展开论战。组织反抗当局活动，煽动原住民请愿，招致殖民政府炮轰。高更致信丰泰纳，请求于《法国信使》上发表作品《一位艺术学徒的私语》。由于身体状况恶化，他无法从事绘画，因此全身心投入写作。完成了《此前此后》。

1903 年： 高更被判入狱 3 个月、罚款 300 法郎；此后又因诽谤罪被判监禁 1 个月、罚款 500 法郎。高更申请法院复审。高更的身体状况突然恶化。5 月 8 日上午 11 时，高更病逝；并于 9 日葬于阿图奥纳墓地；20 日，其动产被拍卖；9 月，其艺术作品及藏品被拍卖。10 月的秋季艺术沙龙特意为高更开辟了一间展厅。年轻艺术家们开始认可高更的地位，马蒂斯、毕加索等一代大师都对高更的作品赞不绝口。维克多·谢阁兰途经马克萨斯群岛，带回了大量高更的优秀作品，令同时代的诗人与画家们对高更的艺术有了全新的认识。

本年表大量参考了法国国家博物馆联合会出版社 1989 年出版的高更年表。

图书在版编目（CIP）数据

高更的故事 /（法）让 - 雅克·莱维柯著；黄莉荞，
范炜炜译 . -- 上海：上海书画出版社 , 2021.3
（画说印象派）
ISBN 978-7-5479-2568-3

Ⅰ . ①高… Ⅱ . ①让… ②黄… ③范… Ⅲ . ①高更（Gauguin, Paul 1848-1903）—生平事迹 Ⅳ .
① K835.655.72
中国版本图书馆 CIP 数据核字 (2021) 第 041883 号

Original Title: Paul Gauguin
Author: Jean-Jacques Lévêque
Original Version © ACR Editions, Paris, 2003
Text translated into Simplified Chinese © Tree Culture Communication Co., Ltd., 2021
Exclusive distribution and sales rights in the PR of China only (no rights in Taiwan, Hong Kong and Macau)
No part of this publication many be reproduced, stored in a retrieval system or transmitted in any form or by any means without the prior permission of the publisher.
上海树实文化传播有限公司出品，图书版权归上海树实文化传播有限公司独家拥有，侵权必究。Email: capebook@capebook.cn

合同登记号：图字：09-2020-973

画说印象派
高更的故事

著　　者	【法】让 - 雅克·莱维柯
译　　者	黄莉荞　范炜炜

策　　划	王　彬　黄坤峰
责任编辑	王　彬
审　　读	雍　琦
技术编辑	包赛明
文字编辑	钱吉苓
装帧设计	树实文化
统　　筹	朱艳华
封面设计	半和创意　树实文化

出版发行	上海世纪出版集团 ⑧ 上海书画出版社
地　　址	上海市延安西路593号　200050
网　　址	www.ewen.co www.shshuhua.com
E-mail	shcpph@163.com
印　　刷	上海中华商务联合印刷有限公司
经　　销	各地新华书店
开　　本	889×1194　1/24
印　　张	8.75
版　　次	2021年3月第1版　2021年3月第1次印刷
印　　数	0,001-4,000
书　　号	ISBN 978-7-5479-2568-3
定　　价	88.00元

若有印刷、装订质量问题，请与承印厂联系